谢涛说真三国

谢涛 昊天牧云 著

叁

浙江工商大学出版社 ZHEJIANG GONGSHANG UNIVERSITY PRESS | 杭州

图书在版编目（CIP）数据

谢涛说真三国．叁 / 谢涛，昊天牧云著．— 杭州：浙江工商大学出版社，2019.11

ISBN 978-7-5178-3252-2

Ⅰ．①谢… Ⅱ．①谢… ②昊… Ⅲ．①中国历史－三国时代－通俗读物 Ⅳ．① K236.09

中国版本图书馆 CIP 数据核字 (2019) 第 098648 号

谢涛说真三国 （叁）

XIETAO SHUOZHENSANGUO (SAN)

谢 涛 昊天牧云 著

责任编辑 谭娟娟

封面设计 新艺书文化

责任印制 包建辉

出版发行 浙江工商大学出版社

（杭州市教工路 198 号 邮政编码 310012）

（E-mail: zjgsupress@163.com）

（网址：http://www.zjgsupress.com）

电 话 0571-88904980 88831806（传真）

排 版 程海林

印 刷 北京晨旭印刷厂

开 本 787mm × 1092mm 1/16

印 张 15.75

字 数 185 千

版 印 次 2019 年 11 月第 1 版 2019 年 11 月第 1 次印刷

书 号 ISBN 978-7-5178-3252-2

定 价 42.00 元

目录

第四章　官渡之战才是实力 PK

第五章　袁家一代不如一代

第六章　政治世家的衰亡

第七章　曹操安定了后方

第八章　爱哭的刘备有糖吃

第一章

诸侯的心全都有点大

骄傲的袁绍

曹操处理完徐州的事务以后，按理说应该把刘备留下来。徐州原来就是刘备的，现在徐州的事情摆平了，让刘备做徐州的地方长官继续行使职责是理所当然的。不过，曹操才没那么笨，他早就看出来了，刘备不是一般人，如果继续把徐州这么富庶的地方留给他，那还了得？搞不好他就是第二个吕布。不能为自己树一个敌人，刘备得跟着回许都去。至于徐州，派一个心腹去掌管就好了。

于是曹操派出了手下的将军车胄镇守徐州。这意思就是要刘备不要对徐州有太多想法，你可以把家小接到小沛去好好团聚几天。我也知道你心里不痛快，可以上表让皇帝封你为左将军，关羽、张飞做中郎将。这叫一手狼牙棒，一手棒棒糖，就看刘备是挑狠的吃，还是挑甜的吃了。刘备也没有办法，现在寄人篱下也不敢翻脸，只能乖乖跟着曹操班师回朝。

另外，我们得说说陈登这个人。这次打吕布，陈登功不可没，曹操当然不会忘了他。战后给他加官晋爵，封他为伏波将军。上一个伏波将军可是东汉初期的马援，可想而知这个封号的含金量了。陈登获封以后，还继续担任广陵太守，坐镇江淮。江淮南临长江，这时候孙策集团还处于武力扩张阶段，这里实际上等于是孙曹两家之间的军事缓冲带，非常重要。

建安四年（199），孙策击刘勋、破黄祖，乘胜追击，一直打到了广陵郡。当时驻守广陵的陈登兵少势弱，很多人都劝他打不过就赶紧逃，可陈登没那么做。

陈登在广陵地界连续两次击败孙策，广陵城转危为安。广陵之战看上去无关紧要，但意义十分重大。陈登两次击败孙策，迫使孙策以江东为根据地向北扩张的意图暂时搁置。后来孙策意外去世，这个计划彻底破产。

陈登如此生猛，可惜没有得到曹操的重用。广陵之战发生后不久，曹操调任陈登为东城郡太守。在任上没几年，陈登就染病去世，时年三十九岁，英才陨落。陈登去世后，继任的广陵太守没有他的能力，一次又一次地被孙权碾压，曹操不得不将广陵诸郡的百姓向内地迁移。这时曹操才想起陈登的好来，不禁仰天长叹，悔恨当初没有重用陈登。

不过悔恨始终是于事无补的。假设陈登能得到重用，或者陈登没有死那么早，以他的才能，日后的成就应该不在钟繇等人之下。

接下来我们看看天下大势。在曹操诛杀吕布后没多久，公孙瓒的人头也被袁绍割了下来。袁绍有样学样，也把公孙瓒的脑袋送到许都去，告诉皇帝天下不是只有曹操一个人能打仗，他袁绍也不含糊，曹操搞定一个吕布，他搞定一个公孙瓒，半斤对八两，谁也不比谁差多少！

没过多久，袁术自取灭亡，吐血而死。这一年发生了太多事情。二月，吕布死了；三月，公孙瓒死了；六月，袁术死了。现在普天之下还有哪几个势力呢？不过是南边的曹操，北边的袁绍，西边的韩遂、马腾了。西边的暂时不说了，就让那两个人瞎折腾去吧，他们暂时还没有入主中原的实力。南方地区的孙策被陈登挡了一下，暂时也没有北上的欲望了，现在他更想做的是找黄祖报父仇，而且他的命也不长了，只过了大半年就不幸意外中箭身亡了。刘表没有天下之志，坐拥肥沃的土地，带甲百万，却没有一点争霸的想法，基本可以忽略不计。换句话说，现在中原争霸的擂台上只剩两个人了，那就是曹操和袁绍。天下人都屏气凝神地等待着两位角斗士打响王者之战，一决胜负。

现阶段的袁绍如同公鸡一样趾高气扬，已经进入了个人事业的最高峰。他算了算，现在他的力量排名在所有势力前面，是实实在在的第一号实力派。袁绍现在比以前更加有钱有势，但是上缴朝廷的贡品却越来越少。这是什么态度？袁绍这个态度和死去的袁术已经越来越接近了。

实际上，袁术死后，曾经被他据为已有的传国玉玺被徐璆带到了许都，献给了皇帝。献给皇帝不就等于献给曹操了吗？这个刺激袁绍实在受不了。回想以前，袁绍和曹操共事的时候，曾经得了一块玉印，还专门拿着玉印凑到曹操前面说，他有这块玉印。言下之意是他有未来当天子的潜质。当时曹操很鄙视他，不过还是一笑，应酬了一下。

袁绍把这一笑当成是曹操的嫉妒。没想到，多年以后，风水轮流转，曹操这回得到的是真正的传国玉玺，比当年自己得到的那块玉印的含金量不知道高多少倍。袁绍能不想象曹操得到玉玺以后，明里暗里对自己讥讽的神态吗？这种刺激太猛烈，他的小心肝受不了了。于是袁绍也想称帝了。曹操只是拿个玉玺，他直接当皇帝，让曹操看看谁更牛气。他手下有个主簿（耿苞），顺着领导的意思拍马屁说，他可以称帝了。不成想，拍到马腿上了，最后被杀了当替罪羊，因为袁绍手下没人同意他当皇帝。袁绍本来想压过曹操，没想到自己内部的人都不同意，只能用别的方式压倒曹操了。

怎么才能让曹操服气呢？简单，打。而且袁绍要打的仗绝对不是小仗，要打就要打大仗，场面越大越显得他牛。要是把曹操打倒了，别说传国玉玺，中原地区统统都是他的，小皇帝也要靠边站。到那时候他再要称帝，看谁不服。

建安四年（199）七月，袁术死后没多久，黄河边上战马嘶鸣，鼓声震天，刀枪剑戟林立。袁绍点选精兵十万，战马万匹，屯兵于黄河边上，准备南下进攻许都。

袁绍有个特点，婆婆妈妈。做事前总要先开会讨论，表现自己是个很民主的人。所以针对这场仗他也开了个会。按他的本意，这个会不是讨论是否出兵的问题，而是讨论出兵以后该怎么把曹操打得更狠的问题。没想到第一个发言的人却把整个会议的节奏给带歪了。

抢先发言的是沮授。他说："就乱诛暴，称之为义兵；恃众凭强，称之为骄兵。兵义无敌，骄者先灭。曹操奉天子以令天下，而今我们却举师南进，于义则违，况且决定战争胜负的不在于强弱。曹操法令严明，士卒精练，不像公孙瓒等坐而受困之辈。现在我们舍弃万安之术，而兴无名之师，说老实话，我替主公您感到害怕。"田丰也一起劝谏说："我们刚和公孙瓒打了这么久，消耗了很多钱财，现在库房里已经没几个钱，也没几斤储备粮了，从老百姓到前线广大指战员都累了，想休息了。我们应该先搞个大生产运动，让大家好好休养生息一段时间。当然，我们休息，不能让曹操也跟着休息，得一边生产一边制造舆论谴责曹操，然后慢慢进兵黎阳，控制黄河北岸，大量制造船只，不断派出精兵骚扰曹操，让他不得安宁。这样，等到我们的实力够了，事情也就成了。”

这番话句句在理，袁绍如果真按此去做，估计曹操真得累死。可是没想到田丰话音一落，审配和郭图立马说：“历史已经很强悍地证明了，主公是近期最伟大的军事家，打谁谁完蛋。完全可以直接带大军去把曹操干掉。哪来这么多事？”沮授仍然不死心说：“现在曹操控制着皇帝，咱们要向他进攻不等于打皇帝吗？咱们还是稳重一点好。”郭图和审配当然不服输，说：“你是说我们出师无名？告诉你，咱们的名义就是讨伐曹操，这不是有名吗？主公你别听他的，咱们现在是最厉害的时候，再不出手，等人家强大了才动手，那就错失良机了。”

袁绍一看，主战派比较多，主和派不多，而且声音越来越小，反正他也拿不定主意，就少数服从多数，听审配和郭图的意见好了。

主和派的沮授、田丰读得懂天下人心，所以反对袁绍兴兵。袁绍却不读天下人心，只被个人私欲支配，大举兴兵。其实，袁绍的失败此时就已经埋下了伏笔。

袁曹的区别

其实打仗和打架差不多，街头斗殴的人们可能会因为一个白眼就开始动手，但通常打不了多久，都是一拥而上，一哄而散。他们不知道为何而打，打的过程也是短平快。打得过，继续打下去；能力不够强，拳头不够硬，见好就收，转头就跑，含金量非常低。另外一种打架就是深思熟虑之后，知道对方的实力，铺排了很久，把能赚的便宜、能溜走的后路想清楚了再打。这种打架方式通常刀刀见血，不拼个鱼死网破是不会收场的。往往反反复复论证过、内部争论过、外部试探过的仗打起来一时半会儿就不能结束了，最后血流成河，尸积如山。

官渡之战是三国时代最重要的三大战役之一。

官渡之战前前后后的铺排、细节太多了。袁绍想进攻许都，这是一个非常重要的战略性决定，内部争论当然不会少。沮授是持反对意见的，而郭图为了拍老板的马屁持支持意见，双方在会议上争得脸红脖子粗。如果只是在会议上讨论一下，大家有什么说什么，不管是正面，还是反面的话，出发点总是好的。可是在袁绍的阵营中，是没有这种气氛的。袁绍是个小心眼的人，睚眦必报，气量小得要命。上梁不正下梁自然就歪了。这种老板引领的团队能心胸广大吗？特别是郭图，绝对是个小人，身上的小人气质比谋士气质还多。

这次讨论之后，老板采用了郭图的意见，但他还是愤愤不平，很生沮授的气。他觉得沮授明摆着就是在老大面前和自己过不去，一想不开他就开始对沮授打击报复。只要有机会，郭图就跑到袁绍耳边说沮授的坏话，今天说一句，明天说两句，总之就是要把沮授在老大面前的形象彻底破坏掉。他对袁绍说："沮授现在职务太高，总管内外，脾气也不小，在将士面前人气旺得要命，这么下去，将来某一日就和主公您差不多了。这样一来，主公您说话还有谁听呢？依在下愚见，主管军务的人就不要再插手内政了，主公您多多考量。"袁绍是个心胸狭隘的人，比袁术也高明不了多少，他最看重的就是权力，所以郭图的话太对他的胃口了。

郭图在拍马屁方面确实做了不少工作。袁绍也觉得他说得没错，沮授对自己的威胁确实太大。有了这样的想法，袁绍便开始动手了，他没有把沮授杀了，而是要削沮授的权。袁绍下令进行军队体制改革，把所有守校的武装力量分为三军，分别由三位都督指挥。三位都督分别是沮授、郭图和淳于琼。看这个兵权的分配方案就知道袁绍朝死又迈出了一大步。郭图是个小人，只会溜须拍马，淳于琼未必是个坏人，但对于都督这个职位来说，实在太不胜任了。三个人中就沮授有脑子、有战略眼光，偏偏袁绍又不信任他。袁绍布这个局就是让郭图来牵制沮授，搞的是政治平衡术。

客观地说，政治平衡术也没什么不好。掌权人最担心的就是大权旁落，把下放的权力摊薄，对于他来说是有百利而无一害的，从这个角度讲，袁绍要搞平衡也不算错。但是实行政治平衡术有一个前提，必须是在政局稳定的时候进行。天下太平，搞政治平衡术是可以的。现在要和劲敌开战，要去打曹操了，还玩什么平衡啊？这时候需要的是革命加拼命，万众一心，军民团结如一人。真有脑子的掌权人，就得像曹操那样不惜一切代价，放下所有面子，团结所有可以团结的力量。袁绍是反其道而行之，这根本是在搞内斗，要是不失败，那就真是岂有此理了。

大战在即，曹营这边也进行了大讨论。袁绍陈兵于黄河边上，即将进攻许都的消息传来，在曹营引起了不小的轰动，大家纷纷表示对目前的形势非常担忧。曹操这边的情况并不比袁绍好多少，手下并非个个都是英雄好汉，实际上胆小如鼠的人比比皆是。官渡之战结束后，曹操就查抄了不少自己阵营里的人写给袁绍的效忠信。从这个方面来看，说不定曹操还比不上袁绍呢。袁绍手下的战将、谋士绝大部分对袁绍还是忠心耿耿、死忠到底的。要说有区别，就在于曹操和袁绍的个人魅力和气质了。

曹操很快便感受到了大家的急躁心理。他个人可以淡定，但属下的情绪还是要安抚的。于是，曹操开起了战前会议，讨论目前形势。在这次会议上，曹操手下人面色皆惧，个个都把目光投向曹操，想看看曹操会怎么办。曹操这时候的表现相当不错，他对众人的担忧一一表示了安抚。他说："吾知绍之为人，志大而智小，色厉而胆薄，忌克而少威，兵多而分画不明，将骄而政令不一，土地虽广，粮食虽丰，适足以为吾奉也。"就是说，我是和袁绍做过同事的，对他的为人处事方式方法是最清楚不过的。这家伙是有远大的理想，但是智商却不配套，一点智慧都没有。表面上牛气冲天，实际上胆小如鼠，为人又很刻薄，没有威信。现在他的部队人数很多，但他不会调动。他手下的人个个骄傲得不得了，政令很难到达基层。所以就算他有很多优势，也一点不可怕。

最后曹操信心满满地总结了一句："袁绍虽强，也不过是给我来当运输大队长的。"曹操这番卖力演说确实是挺打动人的，也不能说没有成效，但说归说，实际归实际，大多数将领还是不相信曹操的话，最典型的代表就是孔融了。

孔融也是个人才，是圣人子孙，小时候懂得让梨，长大了以后喜欢高谈阔论。虽然他文学造诣颇深，成就颇高，但不能掩盖打仗方面他是个外行的事实。建安元年（196），袁绍的儿子袁谭带兵进攻北海，当时孔融是北海相，带领手下和袁谭打了一年，据说城外攻得急，箭如雨下，孔融依然在读书，谈笑自若，没想怎么去解围。后来战败了，手下只剩几百人，孔融才缓缓退到城外去，自己的妻儿老小都被袁谭俘虏了。再后来汉献帝被曹操迁到许都，孔融被征召为将作大匠，每次朝会议论，有些议题大家都不乐意说，只有孔融愿意引经据典地去争论。

对于曹操的这番演讲，孔融同样是心有不满的。当时曹操说得热闹，孔融自然不方便说话。事后忍不住对荀彧说："袁绍地广兵强，有田丰、许攸这样的志士为他出谋划策，审配、逢纪这样的人为他办事，颜良、文丑这样的名将为他统领军队，恐怕想战胜他真是很困难。”荀彧听了却不以为然地说：“绍兵虽多而法不整，田丰刚而犯上，许攸贪而不治，审配专而无谋，逢纪果而自用；这几个人恐怕是不相容的，必生内变。至于颜良、文丑，一夫之勇尔，可一战而擒。”荀彧字字如刀，全砍在点上了，一一指出了袁绍手下高层的弱项。后来的历史证明了荀彧的结论是正确的。这些人虽然个个脑子灵光，智商很高，但是都心胸狭隘，一个容不下另一个，只要相处几天，必然互相内斗，内乱就形成了。至于那两位武将，除了有名和蛮干之外，还有什么水平？一战下来就可以全抓住了。谁是智者？谁只是普通的儒生？有了荀彧这种智者为曹操撑腰，曹操如果不赢，那真是岂有此理。

占地纳降

曹操果然不同于公孙瓒，他知道袁绍高调地要来打自己之后，并没有在许都坐以待毙，而是主动开赴前线进行军事部署。建安四年（199）八月，曹操亲自率领大军进驻黎阳。黎阳就是今天河南省鹤壁市浚县，这里自古就是兵家必争之地，最早由西汉开国皇帝刘邦在此设县。这里发生了很多著名的战役，比如后来南北朝时期的苻坚北伐、方城之战。三国时期，袁绍被打败以后，袁谭在这里曾经打过一仗，最后彻底败给了曹操。这一仗就叫黎阳之败。传说中关羽温酒斩华雄也发生在这里。

黎阳就在黄河边上，自古以来黄河水患一直没停过，五代十国时，后赵动用国家库银在黎阳东山悬崖边上凿出了一座大佛，称为镇河大将军。这座大佛我们现在还能看得到，号称中国北方最大的佛像，至今浚县还有黎阳镇和黎阳路。

为什么黎阳在军事上如此重要？摊开地图一看你就知道了。北面是邯郸，南面是郑州，左面是鹤壁，右面是濮阳。这座黄河边上的重镇是袁绍和曹操进行决战的死穴。谁点中这个穴位谁就能让对方动弹不得。从这一点可以看出，沮授眼光有多毒辣，一早就看准了这里，建议袁绍把这个地方拿下。占了这个地方，曹操就会全身麻痹。可惜袁绍没有听从他的意见，结果被曹操抢了先。袁绍没有麻痹曹操，反而被曹操麻痹了。这只能说明袁绍从一开始就为将来的惨败埋下了伏笔。

曹操带兵进驻黎阳以后，把刚刚投到自己麾下的泰山帮的臧霸派到青州，对袁绍的侧翼进行骚扰，同时命令于禁率兵驻扎在黄河边，时刻留意袁绍的动向。袁绍这人就是口号喊得山响，实际一点没作为。他不听沮授的劝，听郭图的劝也可以呀，不是信誓旦旦地要率军南下吗？结果曹操都开始动作了，他还坐在那里看风景。就像曹操说的，袁绍志大而智小，色厉而胆薄，反应真是太慢了，或者干脆说他连反应都没有。建安四年（199）就说要对曹操进军了，可一直到建安五年（200），中途还有刘备背叛曹操这种千载难逢的机会，袁绍一个都没利用上。要说袁绍是老虎，也只是纸老虎，中看不中用。

当然，这是后世人的看法。如果真能和袁绍面对面谈心，他可能也会对我们嗤之以鼻。他觉得自己这么做也有理由，虽说这时候袁绍牛得有点不可思议，认为打死曹操是件不需要啰唆的事情，但他心里依然明白曹操用兵如神，不像公孙瓒，要想取得最后的胜利还是需要花点精力的。光靠自己不行，还得叫小兄弟们一块儿上。

和曹操“约架”的时候，有哪些小兄弟可以帮忙呢？袁绍喝着茶，扳着手指好好地盘算了一下，发现普天之下如果只有一个人能帮自己的话，那肯定是张绣。张绣现在恨曹操恨得要死，而且他正在曹操的战略后方，如果把他拉到自己阵营里来，让他从背后狠踢曹操几脚，作用也是相当大的。如果张绣卷进来了，那么他现在名义上的老大刘表自然也不会闲着了。这力量和自己合在一起，对曹操来一场南北夹击大战，一定很精彩。

也正是因为有了这样的想法，袁绍认为现在暂时搁置直接进攻曹操的计划是可行的、有道理的。虽然袁绍的国防部是没有军事计划的，但外交部一点儿都没闲着。当曹操在黎阳做好了军事部署回到许都时，袁绍就派人到张绣那儿说事了。其实袁绍这时候请外援没什么问题，对曹操实行四面八方的大围剿是绝对没错的。错就错在袁绍不应把所有鸡蛋放在一个篮子里，而且这个篮子还找错了。曹操现在身边有很多敌对势力，如刘备、孙策，都不是省油的灯。如果先去找孙策，以孙策的野心和实力来帮个忙是没问题的，可惜袁绍愣是没这么想。袁绍要去找的张绣虽然是曹操死敌，但是没实力，完全在依靠刘表。刘表哪天不高兴了，宣布断奶，张绣就得立刻破产。这种人能帮什么忙？

当然这些问题袁绍没有分析过，但是他对做表面功夫掌握得还是不错的。他知道张绣虽号称是那股势力的老大，但实际上还是得听贾诩的话。贾诩让他投刘表，他就立刻跑到刘表那儿了。认真算起来，贾诩才是这股势力中说话最靠谱的人。因此，袁绍派人去拉拢张绣的同时，还顺便要和贾诩搞好关系。袁绍的代表来到张绣那儿，提出一起夹攻曹操的事，张绣听了别提多兴奋，当时就打算签订这份“合同”了。

张绣还没开口，贾诩就说："归谢袁本初，兄弟不能相容，安能容天下国士乎？"说完就把使者推出门去了。贾诩的意思是说，回去跟你们家老大讲，袁家兄弟之间都不能构建和谐社会，还有容纳天下人的度量吗？

张绣一看这情景，当时脸色就变了，不过他没有发作，他知道，自己现在不能得罪贾诩，如果贾诩都离开自己，自己下一步该怎么走都不知道。张绣又惊又怕，偷偷拉住贾诩问："先生，现在我们这个处境不依靠袁绍，还有谁可以依靠？"贾诩的回答是非常简洁的，"不如从曹公"。张绣下巴几乎要掉到地上了。

这就是聪明人和一般人的区别了。为什么贾诩要劝张绣降曹操？贾诩的小算盘是打得噼里啪啦响。贾诩此前虽然来张绣这里当谋士，但他心里早就知道，张绣是成不了大气候的，张绣必须依靠别人才能生存下去。于是贾诩到张绣这里后就建议他投降刘表。那时候张绣和刘表之间有杀叔之仇，提这种建议也把张绣吓得不轻。而当时贾诩以为刘表是个好汉，占据了这么大的地盘，又有这么多军队。没想到，后来发现刘表也是一般人，所以贾诩又在心里物色另外的牛人了。

贾诩的眼光毒得很，一下就看出来了，曹操迟早会成为这个乱世里最猛的牛人，其他军阀势力迟早会被他吞并。但现在要去投靠曹操好像没来由。手上资本太单薄了，就算过去了，人家也会看轻。于是贾诩决定在张绣这里先混一混，等混出成绩了再投靠曹操。现在他有成绩了吗？当然有。之前曹操撤退的时候，张绣不是追上去了吗？第一次追，失败了；第二次追，却赢了回来。这败中取胜的一招不仅使张绣佩服得不得了，消息也肯定传到曹操那儿了。曹操是个爱才的人，知道了这一点，能不欣赏贾诩吗？

当然，要投降别人光靠成绩还不够，还得讲实际，不是说投就投的。一定要选一个最恰当的时机能让自己的价位提到最高点。现在的时机对不对？太对了，绝对是涨停板的高价位。曹操现在正在全力对付袁绍，后方空虚，实在很担心别人会乘虚而入，现在在他后方主动向他举白旗，曹操能不高兴吗？贾诩的这些心理活动张绣是一点都不知道的。他根本就没想过这些。他还慌兮兮地问："先生这能行得通吗？现在曹操比袁绍弱得多，两家打起来，最后肯定是袁家赢。咱总不能找弱的投，投过去就死，况且以前咱们和曹操打得这么狠。投曹操咱不是活得不耐烦了吗？"贾诩心里一笑，心想："我是在为自己谋前途，你死不死跟我的关系不太大。"当然表面上贾诩不会这么说，他还是很耐心地掰着手指给张绣讲了几条理由。投降曹操的第一条理由就是："曹操尊奉天子以号令天下，名正言顺，投靠他就等于向朝廷投降。名义上是站得住脚的。"第二条理由是："袁绍很生猛，手下部队很多，我们投靠他，他能看中我们吗？相反，曹操现在兵力薄弱，突然得到我们这支生力军投靠，他绝对会很高兴的。"第三条理由是："我听说抱有称霸天下大志的人，一定会抛弃私怨，以向天下表明自己的恩德。曹操正是这样的人，他怎么可能把个人恩怨天天挂在心上呢！只要他觉得我们有用，是不会和我们算旧账的。将军你就不要顾虑了，只管投靠曹操，这绝对是正确的。"

张绣对贾诩一直以来都十分尊敬，况且他本身又没什么主见，不听贾诩的主意，他也不知道听谁的。既然贾诩说投降曹操是正确的，那就去。于是这一年的十一月，张绣在贾诩的主导下宣布向曹操投降，带领部队接受曹军的改编。

曹操果然大喜，不但没有和张绣翻旧账，还和张绣结成了儿女亲家。这就是王霸之君的风范了。换成是袁绍，要不根本不接受你投降，要不等你来了以后给你穿小鞋，再找机会给你定个罪名直接砍了。单单就从对待张绣投降这事看来，曹操又赢了一局。

虚伪的刘表

曹操动作频频，袁绍也没闲着。袁绍本以为做张绣的统战工作百分之百会成功，不成想派出的使者还没回来，张绣已经带领部队跑到曹操那边报到了。对袁绍来说，这实在太没面子了，不过他并没有灰心。仔细盘算一下，张绣也就那点力量，跟了谁，谁也不会因此强大起来，他乐意去曹操那儿也无所谓。真正重要的是张绣背后的势力——刘表，如果刘表能和自己联合起来，形成前后夹击之势，定能给曹操造成致命的伤害。于是袁绍又派使者去见刘表，做刘表的思想工作。

袁绍要是懂得读心术，懂得分析别人的想法，就会知道荆州牧刘表不过就是一个只求过安稳日子的大叔。袁绍的使者来到以后，刘表的态度相当好，当场笑呵呵地接受了袁绍的请求，可是战略合作协议签订了许久，刘表愣是一个兵都没派出，天天过着自己的腐败生活，好像根本不认识袁绍似的。

当然了，刘表更不愿意帮助曹操。刘表采取的就是最让人看不起的骑墙政策，采取中立，保存实力，以坐收渔利。老板想当墙头草，属下自然看出来了。他手下的韩嵩、刘先觉得这么做实在太危险了，于是跑过来一通劝和分析："主公，现在全国最牛的两个老大正打算拼命。现阶段，天下之重皆在主公，您就是起决定作用的人。如果主公想获得最大的利益，机会就在眼前。等那两个人斗得困了、累了、没饭吃了，我们此时崛起必有作为，天下就是主公您的。假如主公没有这种想法也可以，我们赶紧在这两个人中找一个可靠的归附过去，与他联合群殴另一个。这样天下大事也可敲定了。但如果像目前这个样子，答应了袁绍又不帮他，是两头做坏人，我们手头有十多万部队能当围观群众吗？这样拖下去，他们不管谁赢谁输，最后都会把愤怒集中在主公您身上，到那时候我们这种骑墙政策就行不通了。”

蒯越也说：“主公，依在下看，曹操是很会打仗的，属于善于用兵的那种人，而且手下人才众多，他最后必定会打败袁绍。打败袁绍后，势力猛涨，平定了北方，之后必然南下进军江汉。到时咱们能顶得住吗？现在最可行的方法就是投靠曹操。这时候投靠曹操，曹操必然会感谢主公，以后我们在荆州就可以过上衣食无忧的幸福新生活了。”

可是刘表跟袁绍差不多，都是长得好、家世好、名声好，但是性格软得像柿子。刘表听了这么多劝，居然还是无法决断，他觉得现在投袁绍没错，可是投曹操也对，到底投谁比较好呢？迟疑了很久，最后他决定派韩嵩到许都看看情况再说。他还特别交代，现在谁也没法知道到底是谁会取得最后的胜利，先上许都看看形势再说。哪知韩嵩根本不买刘表的账，还给刘表说了一通道理：“主公，我可是个守节的人，现在我是将军，是您的幕僚，您叫我做什么我都可以拼命去完成任务。但是据在下观察，曹操日后必会一统天下。如果主公真的举起大汉的旗号投靠曹营，可以派我到许都。但主公现在还拿不定主意就直接派我去，万一到了许都，皇帝赐我一官半职，我是没办法推辞的。如此一来，我可就成了天子臣属，就只能听天子的命令，在大义上就不会为您效力了。请您务必再考虑一下。”

韩嵩说得很动情，就差声泪俱下了。可是对刘表来说，属下这种表忠心的告白没有半点作用。刘表甚至开始怀疑韩嵩是不是害怕出使许都被曹操杀害，所以装腔作势找一大堆理由来推辞。他强行命令韩嵩出使许都。

韩嵩没办法，真的跑到许都去见皇帝了。到许都以后，真被他猜中了，皇帝对他赞赏有加，任命他为侍中、零陵太守。当然这也是曹操的意思，因为所有任命都得经过曹操的同意，曹操这么做其实是想向刘表传递一个信息："你的人我如此厚待了，你要到我这边来，我还会亏你吗？你就别跟袁绍了。"韩嵩也是个聪明人，再加上他原本对曹操的印象就不错，当然知道曹操这么做是为了让自己传话。回到荆州，韩嵩向刘表汇报的时候，就把曹操大夸特夸了一番，说皇帝和曹操的人品都绝对好。投靠曹操绝对没错！除此之外，最好主公能把儿子送到许都去当人质。说这番话的时候，韩嵩神采飞扬，而且非常执着，可刘表听了却不是滋味。

别的话可以当耳边风，但让他把儿子送过去当人质，这种话他是最听不得的。他想：韩嵩这是什么意思？让我把儿子送过去当人质，曹操一不高兴就可以"撕票"？你敢说这种大逆不道的话，难道是有二心了？而且你轻而易举就捞了个零陵太守来当，搞不好在许都的时候你就已经把我当成古董在曹操那儿拍卖过了。于是刘表马上召集臣下，还列了一队武士，把现场布置得庄严肃穆。他要当着大家的面把韩嵩乱棍打死。大家一看这个场面，都捏着一把汗。看着刘表铁青的脸，大家不敢直接求情，转头叫韩嵩赶紧向老板请罪，说："老板向来宽大为怀，只要你认罪态度良好，他不会为难你的。"可是不管大家怎么明示暗示，韩嵩就是不懂事，他不认罪，脸色也没有一点变化，不紧不慢地开始说话。这一开口差点把刘表给气昏过去，他说："算起来，是将军您对不起我，而不是我对不起将军。"大家都惊呆了，这是在求饶，还是在找死？可韩嵩没完没了，趁着刘表被气得翻白眼，又把出使之前对刘表说的那番话叙述了一遍，"原本我不想出使的，您偏让我出使，我都说过了，我出使以后曹操肯定会派个官职给我，您又不信。现在我说的话一一应验了，您反过来要治我的罪，请大家都来评评理，到底是我不对，还是您搞错了。"

幸好，在刘表被气坏还没反应过来下令把韩嵩乱棍打死之前，刘表的老婆蔡氏来了。蔡氏素质很高，完全从大局考虑，她对刘表说："韩嵩，楚国之望也；且其言直，诛之无辞。"楚国指的是荆州，这番话的意思是："韩嵩是荆州一带的大名士，人气很旺，这种人原本就不好惹；而且他的话确实很有道理，所以你杀他也得有个合理的罪名，胡乱杀了他，大家都会对你有意见的。"

能说出这番话来，可见蔡氏也不简单。没错，蔡氏大有来头。她来自荆州一带非常有名的蔡氏家族。因为出身于名门望族，她说话自然有一定水平。蔡氏就是后来赤壁之战前把荆州拱手让给曹操的主谋之一，她的弟弟是蔡瑁。这么有分量的老婆出来说话了，刘表想不听也不行了，但是他心中的怒火依然消不下去，心想：韩嵩，你是大名士，我动不了你，你身上没罪名可以，我就不相信你没毛病。于是刘表派人把跟随韩嵩出访的随从抓了起来，刑讯逼供，希望从他们身上套点罪名出来。没想到这些随从也很硬气，没有就是没有，打死也没用。刘表盛怒之下下令把这几个人往死里打。即便打死了几个，仍然套不出任何关于韩嵩暗通曹操的证据。这下刘表不服都不行了。他想：韩嵩还真的杀不了了，先把他抓起来再说吧。

在当时人们的印象中，刘表是以有礼貌闻名的，那是牛人中的模范人物，诸侯中的“三好学生”。可是从他对韩嵩这件事来看，那些笑容都是装出来忽悠人的，再从他处理与曹操和袁绍的关系来看，更是一个菜鸟级的伪君子。

诸侯都在看热闹

现在，袁绍和曹操的大战一触即发。各路诸侯原本还风风火火地进行比拼，一会儿打着这个旗号，一会儿又投靠那个势力，现在统统停下来了，就像一群围观群众一样围观袁曹的比拼，个个都抱着观望的态度。对于这一点，曹操和袁绍的心里也很清楚，所以他们各自的统战工作都没有停下。

先说曹操，他首要的安抚对象是西边的诸侯。早前曹操曾经派侍中钟繇持节安抚关中诸将。钟繇到达长安后，给西凉的马腾、韩遂送去书信，向他们陈述了天下形势的走向，要求他们各派一个儿子到许都当人质。韩遂、马腾作为西凉边陲军阀中实力最强的，一举一动都可以左右整个西凉的形势。一开始他们也选择了曹操，真的把儿子派到许都去了。没过多久，袁绍的使者也来了，暗地里联络他们，希望他们能帮袁家一把。

马腾动心了。他手下有个叫傅干的参谋知道了，赶紧跑来劝：“古人有言‘顺道者昌，逆德者亡’。曹公奉天子诛暴乱，法明国治，上下用命，有义必赏，无义必罚，可谓顺道矣。袁氏背王命，驱胡虏以陵中国，宽而多忌，仁而无断，兵虽强，实失天下心，可谓逆德矣。今将军既事有道，不尽其力，阴怀两端，欲以坐观成败，吾恐成败既定，奉辞责罪，将军先为诛首矣。”按傅干的意思，如果马腾阴怀两端，等成败确定以后，曹操必然会奉辞伐罪，那时候岂不是要身败名裂？听了傅干的话，马腾重新考虑了。傅干又进一步劝他出兵支持曹操，如果现在解了曹公之急，事后必得重谢。最后马腾接受了傅干的建议，派儿子马超率领精兵一万多人去支持曹操。

曹操觉得这还不够，又派了河东人卫觊去镇抚关中。卫觊看到流亡四方的农民有不少已经回到了关中，关中很多地方势力把他们招为新兵。于是他就写信对荀彧说：“关中原本土地肥沃，只是因为遭了灾荒，人民才四处流亡。流亡到荆州的就有十万多家，现在他们听说关中已经安宁，都希望回乡，可是回去了以后却不能过生活，关中势力争着要招收他们。这样一来，关中势力会越来越强。一旦发生变动，后果不堪设想。在下的意思是从盐上做文章，食盐是国家的重要物资，应该像从前一样规定一定的价钱，由官府来供卖，把变乱以来被废弃掉的供卖章程重新用起来，官家再用盈利购买耕牛和农具，配给回乡的农民使用。但凡勤于耕种、节约粮食的统统有赏，这样关中能积存粮食，四方流民听到消息必然会争先恐后地回来，朝廷再派司隶校尉留在关中治理百姓，这样一来，州郡就强大了。地方武装抢不到老百姓，势力自然会逐渐削弱，官吏和百姓则会越来越兴旺，这是国家的根本利益，请先生务必仔细斟酌。”

荀彧觉得这话相当有道理，赶紧向曹操汇报。曹操自然是完全同意了，开始在关中设置盐官，再派大臣去监督盐官。之前派到关中的钟繇原本是司隶校尉，负责治理洛阳，现在为了招抚关中，暂时治理弘农。关中从此服从朝廷了，西边没有了后顾之忧。

西边的官场理顺以后，该看地方势力的态度了。

虽然有马腾、韩遂的例子在前，但很多关中、西凉军阀对中原的局势还是十分迷糊的，凉州牧韦端就是其中之一。他比马腾油滑多了，看到目前的局势，他不急于表态，先派了手下的从事杨阜担任使者，到许都走了一圈。杨阜回来以后，各路军阀纷纷派人来问袁曹大战谁会笑到最后。杨阜眼光倒还不错，他说："袁公宽而不断，好谋而少决，不断则无威，少决则失后事，今虽强，终不能成大业。曹公有雄才运略，决机无疑，法一而兵精，能用度外之人，所任各尽其力，必能记大事者也。"

这番话和曹操的首席谋士荀彧的话简直没两样。意思是说，袁绍宽容但不果断，虽然强大，但一定会失败。曹操却不一样了，他有雄才大略，能不拘一格用人才，将来必定会成功。

听杨阜这么讲，这些地方势力对中原地区的形势有了初步认识。既然这样，就都懂得该怎么做了，于是纷纷站到曹操一边。当然表面上没有明确表示支持曹操，看上去也都是中立的。一句话，没人为袁绍背书了。三国乱世，每个人都在读天下，同时也在被天下人读。曹操和袁绍正是如此，他们读天下人心，也被天下人读心。

真正的战争还没开始，曹操就已经提前征服天下了。在战前统战工作方面，袁绍一败再败，即便手上拥有更多精兵，又有什么作为？只能单打独斗。现在刘表坐而观望，西凉各路势力也在围观，放眼天下，只剩下一股势力还没有表态，就是江东的孙策。

孙策现在在干什么？他是怎么想的？其实这一年孙策一直很忙，一开始北方这些破事他都不想理。他觉得也就跟以前的诸侯打群架一样，毕竟离自己还远，跟自己没什么关系。他忙着跟周边的小喽啰打群架。曹操和袁绍闹矛盾了，其他人可以围观，因为他们闲着。可他不行，他每天忙得脚不沾地。孙策的眼光是在周边的土地上的，让自己手上的地皮不断扩大才是王道。

所以袁绍和曹操开始暗地较劲的时候，孙策正忙着找黄祖的晦气，要杀了他为自己的父亲报仇。前去讨伐的路上，顺便还把袁术的旧部刘勋收拾了。刘勋猝不及防，被孙策抄了老家，败退之后只能向黄祖求援，想联合起来共同对付孙策，结果最后被孙策灭了，被逼得向北逃命，投奔了曹操。

黄祖也好不到哪儿去，尽管他的宗主刘表派了五千长矛兵来支援，但最后也被孙策一口吃了。孙策得胜回来，顺道又把豫章收了。守在豫章的华歆一直想投奔孙策，这下好了，孙策亲自来了，他二话不说，直接投降了事。

建安四年（199）十二月底，孙策通过一系列令人眼花缭乱的举动，圆满完成了年度目标考核。此时江东已经在孙策手里初具规模了，他这才停下了脚步，目光望向了北方。

北方的官渡上空战云密布，曹操和袁绍这次看起来不是一般的小打小闹，是要来一次你死我活的决战了。孙策也不是傻子，这么好的机会他能错过吗？

又回到北方所有人最关注的问题了，这头江东猛虎到底站在谁那边？他是想帮着曹操打袁绍呢，还是想联合袁绍对曹操来个南北夹攻呢？有这样想法的人，明显低估了孙策。孙策是何许人也？他为什么要寄人篱下？他要做的是为自己打出一片天下。曹操不帮，袁绍也不帮，为什么不能自己暗袭许都，把汉献帝抢到手里？

孙策的这些想法在平时的调兵遣将中多多少少透露了出来，早有北方派来的卧底把情报送到了官渡前线。孙策威名天下皆知，这个消息传来，曹营一片恐慌。现在已经是千钧一发了，孙策如果起兵，曹军立刻会陷入两线作战的困境。别说是和袁绍争锋了，老家保不保得住都是个问题。

就在人心惶惶的时候，又是聪明人郭嘉站了出来，他告诉大家："孙策刚刚吞并江东，诛杀的都是英雄豪杰。这些豪杰手下有很多人愿意誓死为他们报仇。孙策为人轻率，疏于防备，虽有百万之众，却无异于独行中原。若有刺客从埋伏中突起，一个人就可以杀死他。依我看来，孙策必定会死于匹夫之手。"郭嘉真是读准了孙策，更读准了孙策的仇人，孙策的结局和郭嘉说的几乎一模一样。

第二年开年没多久，孙策就坐不住了，不过他一开始还没打算公开和曹操闹矛盾，没有说要到北方拿下许都，而是先去打黄祖。毕竟自己的事业做得这么大了，连个黄祖都收拾不了也太对不起老爸了，而且连个小兵都打不过，还说打曹操、袁绍，那不成笑话了吗？去年打黄祖，让他跑了，这回绝对不能放过他。

偏偏就在这个节骨眼上，陈登跑出来闹事了。陈登做了这么久的广陵太守觉得也挺无聊的，想要弄出点新闻来。他知道，孙策虽然在江东喊打喊杀看上去很厉害，实际上手里的军队不多。这时候打黄祖，一定会后方空虚。他想在孙策后方搞点事，于是他联系了当地土匪严白虎的余党，让他们在孙策身后杀人放火。孙策立马回军，喊着要把陈登痛打一顿。到了丹徒，孙策停下来等粮草。就在这里，他被三个刺客埋伏，中了暗箭，最后不治身亡。

孙策的死法和郭嘉的预测几乎一样。此时，江东势力突然发生了巨变，对于曹营来说是个天大利好。孙策一死，放眼望去，普天之下能威胁曹操势力的就没有外人了。没外人，就是有内鬼了。曹操身边还有一些小打小闹的小集团，他们的一系列举动也让曹操觉得很烦。而这些小动作，无论如何都绕不开一个人——刘备。

第二章

真正的英雄很低调

煮酒论英雄

郭嘉准确预测了孙策之死，获得了“鬼谋”的称号，这应该是对谋士最高级别的尊称了。大家都很佩服，而郭嘉高超的读心术也不是一般人能学得来的。不仅是对孙策，还有对刘备，郭嘉更是读到了他们心底每个角落。非常可惜，曹操没有采纳郭嘉尽早杀掉刘备的建议，让自己在争霸天下的路上多了一个无法战胜的敌人。直到他死的那天，刘备的势力依然存在。这说明，郭嘉的读心术固然高明，刘备的藏心术更厉害，这才骗得过精明的曹操。

说实话，曹操对刘备确实不薄。吕布被消灭以后，尽管曹操没有把徐州还给刘备，但至少还把刘备带回了许都，表奏让他当了左将军。刘备的老婆被俘，曹操也帮他救了出来。刘备一直亏欠兄弟，没给关羽、张飞的官职，曹操也帮着给了。而且对待刘备，曹操言谈举止都是非常敬重的。出则同车，坐则同席。曹操手下出生入死血战立功的大将中，除了夏侯惇也没有第二个人有这样的待遇了。

正所谓英雄配名马，曹操还专门让刘备到马场去挑匹好马。刘备来到马场，在一百多匹上等马中挑花了眼，反而在普通马中看中了一匹瘦骨嶙峋的马。管马的人听说刘备选了这匹马，惊得嘴巴都合不拢了，翻了好几遍文字档案才找到这匹马的名字：的卢。曹操的人都笑，刘备真是个织席贩履之辈，没见过世面，千挑万选就挑了这匹马。大家的嘲讽之色显然刘备也看出来了，他低着头讪讪地离开了。

可是当刘备骑上的卢马的时候，却是满心欢喜的。因为这匹马和他一样，有着相同的低调性格。曹操让刘备去挑马，敬重刘备是个英雄，可刘备就怕这一点，担心曹操把自己视为与众不同的英雄。他要做的是把内心藏起来、韬光养晦，让曹操无法读懂他的内心。这世上没有第二个人比曹操更想读懂刘备的内心了。要不他为什么硬要把刘备留在身边？他在刘备身边安插了很多密探，刘备找什么人喝几两小酒、吃几碟小菜，他都第一时间知道。当然，曹操这么做，刘备心里也很清楚，可是寄人篱下又能说什么呢？这不仅仅是针对刘备，但凡是曹操怀疑的对象，他的做法都是如此。

要想避开曹操的注意力，最好的方法就是装傻。于是刘备把自己关起来，埋头种菜。他两个兄弟都是万人敌的武将，不清楚大哥心里在想什么，难免抱怨："我等本应叱咤疆场，却在这里种菜耕地。"看到他们如此暴躁，刘备抓起一把土对他俩说："你们快看，这土多肥沃。你们赶紧找几个人帮我除草。"种菜除草对关、张来说实在无聊，无奈只能叫下人帮忙拔草。锄完了草，仆人们就要散去，刘备又把仆人们叫了回来，让他们把葱扶正。仆人们一脸不情愿地回到地里，其中有人把葱给连根拔了。刘备非常不高兴，夺过张飞手里的木棍就朝那个仆人抡过去。这一切都被从门缝观察的人用心记下了。

那人回去报告曹操说，刘备正在后院种菜锄草，还因为这事儿动手打人。曹操一听，心放下一半了，想：看来，刘备似乎已心无大志，甘愿堕落，做一天和尚撞一天钟了。不过刘备非常人，还得找机会考验考验，看看他心里到底在想什么。

一天，刘备正在后院埋头苦干，曹操派人来请他去喝酒。对刘备这种人，曹操必须小心又小心，哄着他，敬重他，同时也得挖出他心里在想什么。刘备在什么时候都和往常一样神态自若，让人看不出在想什么。曹操想知道刘备心里的水有多深，所以隔三岔五请他过去吃饭。但是这次吃饭有点不同，吃出了赫赫有名的话题：现在天下牛人很多，但谁是真正的英雄呢？

这正是《三国演义》中大写特写的“煮酒论英雄”。在历史上确实是有这件事的，但没有罗先生描述得那么复杂，只是简单几句话就带过了。

这次喝酒，曹操喝得高兴了，开始胡说八道。曹操带着醉意说：“今天下英雄，惟使君与操耳。本初之徒，不足数也。”曹操的意思是：“当今天下英雄，只有刘备和我曹操，袁绍（字本初）之流不值一提。”

听到这话的时候，刘备正拿着筷子狂吃，他吓了一跳，就像心底隐私被当场揭穿了一样，不禁想：曹操这话是什么意思？把我和他相提并论了，一山容不得二虎，是不是要杀掉我了？这些日子以来，我低头做人，就是为了低调，低调，再低调，让他忽视我，难道这些日子的工作白做了？想到这里，刘备的手不由自主地抖了起来，越抖越厉害，一不小心，筷子掉在了地上。这声音不大，但一下就引起了曹操的注意，他的笑容凝固了，开始严肃地盯着刘备脚下的那根筷子，眼中的杀意慢慢凝聚。心想：刘备如此紧张，难不成是读懂了我的内心吗？对于我来说，越是英雄，威胁就越大，必当除之而后快，莫非刘玄德装傻种菜是刻意让我瞧不起他？

就在气氛开始尴尬的时候，老天爷来帮忙了——打了个响雷。这几天天气不太好，又是刮风又是下雨的，打个响雷也正常。刘备的反应很快，瞬间想到了应对方法，赶紧满脸赔笑说：“圣人云‘迅雷风烈必变，良有以也’。”圣人说碰到迅雷和暴风，人们就开始改变脸色了，原来真的是这样。刘备把自己失态的原因归结到雷公电母那儿去了。

曹操听后顿了顿，也抬起头来看天色，只见乌云盖顶，天气是该转冷了，想着，眼中的杀机渐渐消散了。这可能是刘备喝过的最难喝的酒了。当然不是说味道，而是他心里忐忑不安，忧虑万分。

双方各怀鬼胎，曹操时刻担心刘备在他眼皮底下做出对他不利的事情。他知道刘备不是个普通角色。刘备喝完这顿酒后也开始疑神疑鬼，觉得自己的藏心术已经不管用了，被曹操识破了。曹操看穿了他的内心，下一步就是取他的脑袋了。与其坐以待毙，不如主动出击，找个机会把曹操给办了。可是刘备现在的势力只限于关、张，没有一兵一卒，想杀了曹操简直是笑话。不过刘备不用担心，很快就会有另一股势力找上门来了。这股势力算起来也没几个人，背景却很强大，因为他们背后站着当今天子——汉献帝。

谁想杀曹操？

有人对“煮酒论英雄”故事里刘备的表现不太理解，觉得刘备虽然想低调做人，但这也太夸张了，至于吗？被曹操一句话吓得连筷子都掉了。如果把当时的历史事件联系在一起看就很好理解了。因为当时刘备正悄悄地参与着一件事——赫赫有名的衣带诏。

实际上在和曹操喝酒前，刘备已经多多少少在参与这件事了，只不过当时是很隐秘的。刘备之所以被吓掉了筷子，恐怕不仅仅是因为曹操提到的“英雄”二字，更多的是他以为这件密谋诛杀曹操的事败露了。假如真是这样，那么这就是他的断头酒了。在这种情况下，刘备能不害怕吗？

还好刘备多虑了。曹操并没有发现刘备参与衣带诏事件，甚至衣带诏这件事曹操也还没挖出来，但这并不能说曹操心里一点警惕都没有。曹操早就怀疑被自己控制的汉献帝正在想方设法除掉自己。

汉献帝几乎算得上是汉朝最窝囊的皇帝了，但这并不意味着他是个废物。相反，汉献帝是很有想法的。天下大乱，诸侯你打我我打你时，经常会看见汉献帝派出调和使者的影子，这说明汉献帝念念不忘把控天下政权，虽身为傀儡，但依然不忘天下大政，只要有机会，他就会毫不犹豫地崛起，把大权攥回到自己手里。曹操也明白这一点，这要从一件事说起。

建安二年（197），曹操去征讨张绣，临行前向汉献帝辞行。按照规矩，三公级别领导出征必须上殿拜见皇帝。汉献帝来到许都以后恢复了这个规矩。当时汉献帝并没有像以往那样对曹操说些鼓舞人心的话，因为他过得太压抑、太恐惧了。以前一直忍着，这回忍不住了。他说了一句心里话：“你乐意辅佐我，我自然感激不尽。如果你不乐意，也请放我一条生路。”言下之意就是：“大家演戏演了这么久了，求求你放过我。”这话正中要害，曹操倍感尴尬，冷汗淋漓，一句话都说不出来。他能说什么？说继续辅佐你，还是说我要取代你？一切尽在不言中。从那以后曹操就知道，自己今后很难面对这个刚刚成人的皇帝，唯一的方法就是把他晾在一边，自己一走了之。从那以后，曹操再也不愿意朝见汉献帝了。

这件事情史料是有记载的，但时间有争议。《三国志》里说，这件事发生在曹操征讨张绣的时候，《资治通鉴》记载的是发生在公元 214 年。虽然两者记录的时间不一样，但事情本质相同。汉献帝已经懂事了，他渴望行使作为皇帝的权力，而曹操犹如一座不可逾越的大山，压得他透不过气来，他不想坐以待毙，唯一的方法就是反抗。这种想法曹操会没猜透？绝不可能。况且在这个节骨眼上，还发生了另外一件事儿。

荀彧曾经预言，袁绍的部下迟早会分裂，会把袁绍的事业搞烂搞死。曹操这边也不是铁板一块，曹操集团内部同样有人做梦都想把曹操弄死。客观地说，那些想弄死曹操的人和想弄死袁绍的人还是有区别的。袁绍阵营里其实没人想弄死袁绍的，他们都把自己当成袁家死党，只是相互之间闹矛盾，最后配合袁绍把事业搞烂了。但是他们的出发点并不坏，最后弄死的也只是袁绍的事业。曹营就不一样了，反对党并不是曹操手下的核心智囊，而是权力边缘的人。他们的目的很简单，就是要杀掉曹操。

和曹操过不去的人叫徐他。史料记载，他是一个常从士，就是侍卫官。根据《三国志·魏书》记载："时常从士徐他等谋为逆，以褚常侍左右，惮之不敢发。伺褚休下日，他等怀刀入，褚之下舍心动，即还侍，他等不知，入帐见褚，大惊愕。他色变，褚觉之，即击杀他等。"

徐他这个人很普通，只是曹操手下的侍卫官，恐怕曹操都未必记得住他的名字，更别说知道自己到底是啥地方得罪了他，他非要弄死自己。

曹操不认识徐他没关系，可徐他认识蛮多人的。这家伙还是有点人脉的，串联了几个同党，谋划着要刺杀曹操。他们的暗杀计划很简单，就是带着兵器进入曹操营帐，趁他不注意把他杀了。这几个人都是侍卫官，按说顺利完成计划也不难，因为他们可以带着武器进入曹操营帐。哪怕不是主动进去，等曹操叫进去，也是能完成的。

没想到历史就是这么有趣，看着能成的事，愣是成不了。这几个家伙只有杀掉曹操的想法，胆子却不够，迟迟不敢动手。因为曹操身边有一个卫士，就是膀大腰圆的许褚。许褚以力大出名，年轻时和别人打架，能扯着牛尾巴把牛倒拽着走，这等力气恐怕一般人都扛不住。如果徐他他们动手的时候，许褚在曹操身边，别说是一拥而上杀曹操了，先按倒许褚都不容易。万一有什么闪失，跟送死没什么两样。

所以想杀曹操，必须等许褚不在。许褚虽然是曹操的贴身卫士，但总有休息的时候。果不其然，机会来了。某天许褚轮休，把保卫工作交给了其他同僚。徐他他们决定动手。没想到许褚不知道什么原因，可能是跟曹操久了，彼此心灵相通，他感受到了某种危险，于是不休息了，回到曹操那儿。这变化来得太突然。

进入曹操营帐以后，徐他他们正想趁机下手，离成功只有几米远，但一抬头，看见许褚又回来了，像铁塔一样站在他们面前。当然，这时候许褚是不知道徐他他们的计划的，并没有发现他们的行动，更没有看透他们的动机。反而是徐他他们一看到许褚就脸色大变，毕竟心中有鬼。徐他他们要是镇定一点，从容一些，见到许褚和曹操就说自己来看看老板是否安全，如果没什么事，就先下去了，或许这事就这么过去了。偏偏他们都是草包，没见过大场面，看见许褚，以为事情败露，脸色大变，身体不由自主地抖起来了。如果是普通老百姓，没见过曹操，也没见过许褚，有这种反应是正常的。问题是，他们是曹操身边的贴身侍卫，怎么莫名其妙开始害怕了？不管从哪个角度看，都像是要干坏事的样子。

许褚是职业保镖，警惕性是很高的。一看这几个人不请自来也就算了，而且脸色变得如此苍白，手还在发抖，不用说，肯定是来行刺的。许褚二话不说就出手了。这几个草包当场被全灭。曹操的老命算是在鬼门关走了一遭。

像徐他这种人，虽说是反对党，但是基本没有根基，只要杀了他们，治标又治本。相比而言，另外一批反对党的根基就复杂得多了。

人们通常认为，衣带诏事件领头的人是汉献帝。因为他想反抗曹操，于是找了董承来办这件事，毕竟是自己的亲戚比较可靠。汉献帝秘密给董承写了一封诏书，让他组织人手除掉曹操。因为身边都是曹操的眼线，汉献帝把这封既要紧又要命的诏书缝在腰带里交代给董承。正是因为这种秘密方式，后世称这件事为衣带诏事件。

董承回到家，看了衣带诏以后，痛哭流涕。想着：于公于私，曹操都是挡在自己面前的拦路虎，一定要除掉他。但自己实力有限，得需要其他人帮忙。经过一段时间的联系，董承找到了不少志同道合的朋友，比如长水校尉种辑、将军王子服等，当然董承也没有错过最大牌的明星刘备。《三国演义》里说马腾也参与了，其实并没有。

几个人秘密商议，准备寻找时机给曹操致命一击。其实，这段故事未必是正史，后世史学家对此历来都有争议。

衣带诏

搞定了虾兵蟹将们的暗杀活动后，曹操要对付另外一批反对党了。这批反对党的“带头大哥”是车骑将军董承，还是汉献帝的岳父。汉献帝还是很想有所作为的，只是身边太缺乏人才，也太缺乏力量了。以前在长安，他被李傕、郭汜把控着很窝囊，现在到了许都，又变成了曹操手里的傀儡，同样窝囊得紧，他很想把皇帝的权力真正拿到手里。要想实现这个伟大目标，唯一的办法就是把曹操搞定。他把这个希望寄托在了岳父董承身上。

在《三国演义》里，这件事是上承煮酒论英雄、下接刘备出逃徐州的重要事件。但在正史中，这件事和《三国演义》里描述的有很大出入。

《三国演义》里讲汉献帝在许田围猎中受到曹操欺辱，一怒之下写了一份诏书，缝在腰带里交给了董承。然后董承和刘备、王子服等人一起密谋诛杀曹操。不幸的是，事情还没办成就提前泄露了。董承、王子服被杀，刘备提前出逃，溜到徐州，幸免于难。对于这件事情，后世史学家是有争议的。有一种观点认为，正史中汉献帝极有可能并没有发出这份衣带诏，一切都是董承自己编造的。

这种说法是有理论依据的。《三国志·蜀书·先主传》中记载："献帝舅车骑将军董承辞受帝衣带中密诏，当诛曹公。"这句话的重点是其中的一个字应该怎么解读——"辞受"的"辞"。很多人认为是汉献帝下密诏给董承，但"辞"还有另外一层意思是宣称。也就是说，这句话也可以翻译成：董承宣称汉献帝给了自己衣带诏。这区别就大了。

既然两种解释都有可能，我们选另外一份史料作为佐证。《资治通鉴》表达得更明确："初，车骑将军董承称受帝衣带中密诏，与刘备谋诛曹操。"这已经说得很明确了，董承说他接了皇帝的衣带诏。《资治通鉴》的作者认为，董承根本没有得到献帝的衣带诏，说皇帝把诏书缝在衣带里给自己是董承为了做成这件事而说出来吓唬人的。

至于《三国演义》，罗贯中将董承宣称有衣带诏的事情改成了献帝给了董承衣带诏，但小说是不能当作正史的。只是读《三国演义》的人显然要比读《资治通鉴》的人多得多，精彩的小说比枯燥的正史更容易入脑。所以《三国演义》里的观点自然而然成了很多人的观点，这才给后人留下了汉献帝确实发出了衣带诏的印象。

衣带诏是董承自己编的故事，那他为什么要编这个故事？原因很简单。皇帝东归，一路上号称要保护皇帝的人不少，杨奉、韩暹、董承其实都是一丘之貉，目的不是保皇，而是争权夺利。现在皇帝到了许都，曹操大权独揽，护驾功臣董承基本被边缘化，在朝政中只能当个摆设。虽然董承手下还有当年护驾东行的很多人马，但是在曹操的强势下，他已基本没有什么政治权力。每天就是上朝、下朝、回家睡觉，按月领工资。这种生活在普通老百姓看来确实是蛮享受的，但是董承所处的不是老百姓生活圈，而是封建社会的政治圈。在封建社会的政治圈里，谁掌握了权力就等于掌握了其他人的生死。哪天曹操不高兴或是喝醉酒了，董承的人头可能说没就没了。原本汉献帝在董承手里的时候，董承想要什么官就当什么官。现在连能不能活下去都得看曹操的脸色。他能不起杀心吗？再说，曹操虽然一直不把皇帝当回事，但在表面上还是很恭敬的。直到他晚年，天下诸侯都快灭光了，要汉献帝没多大用了，曹操的态度才开始慢慢转变。现在这个阶段，曹操对汉献帝的态度还不至于那么放肆。曹操虽然没给汉献帝权力，但也没做什么出格的事。在许都，曹操为了作秀，对汉献帝还是很不错的，给他修宫殿，提供锦衣玉食……自从当年汉献帝被董卓拥立迁到长安，再东归洛阳，没有哪个军阀对他如此够意思，所以至少在表面上，汉献帝对曹操还是满意的。天下世人更是被这种政治秀蒙蔽了双眼，都以为曹操确实有匡扶汉室的意思，所以才有这么多人才千里迢迢前来投奔。

董承想要杀掉曹操，并不是为了帮助汉献帝，而是为了私利。至于他自称有汉献帝的诏书，不过是为了达到个人目的，希望可以得到更多人的真心支持罢了。

《三国演义》里说董承将汉献帝的衣带诏对刘备一亮，刘备的眼睛立刻就红了，马上点头参与，和董承一起谋划诛杀曹操。这显然和历史是有出入的。一来，董承根本没有衣带诏，刘备听了他的说法也是将信将疑。二来，出于疑虑，刘备并没有马上和董承联合，而是过了好长一段时间，煮酒论英雄之后才下定决心和董承密谋的。在煮酒论英雄后，刘备开始疑神疑鬼，生怕曹操哪天会杀掉他。

但其实曹操当时对刘备还算不错。曹操明白，刘备还是有本事的，用得好了如虎添翼，可以帮自己打江山，何况刘备作为一面旗帜，留在自己身边，可以树立他爱惜人才的光辉形象，相当于打活广告了，所以他不会轻易杀掉刘备。唯一遗憾的是刘备城府比较深，曹操不能完全把握他的心思，一旦驾驭不好，他就会变成脱缰的野马。

实际上刘备确实是这样的人。而且从他不断找人投靠来看，他跟吕布是一类人，区别只在于吕布不讲信用，而且目光短浅，是四肢发达、头脑简单的武夫。刘备眼光要长远得多，他不甘心长期寄人篱下，所以有时候英雄和狗熊只隔了一层纸。煮酒论英雄的时候，曹操的反常举动加快了刘备反叛的脚步。经过那次对话，刘备知道自己不适合待在曹操的地盘了，于是主动找董承结盟，密谋诛杀曹操。

《三国演义》里描述这段故事的时候还插进来一个重要人物马腾。实际上，马腾当时远在西凉，天高皇帝远的，真要发生什么事儿坐飞机也赶不上。

刘备和董承他们一商量，知道凭他们几个人是不能成事的，所以又把长水校尉种辑（另外一种说法说种辑是越骑校尉），以及将军吴子兰、王子服等人叫到了一块儿。天天开秘密会议，讨论诛杀曹操的方案。只不过效率非常低，讨论了很久还是讨论不出好方案。刘备明白，这种状况不能长期拖延下去，密谋不成就得赶紧跑路。要找个合适的理由先离开许都，虎口脱险才是最重要的。

老天对刘备真是不薄，他非常幸运。建安四年（199）春夏之交，在南方称帝的袁术终于撑不住了，希望北上和自己从来看不起的哥哥袁绍联合起来混饭吃。途中要经过曹操的地盘，曹操也不是傻子，当然不可能让他顺利过去，得找个人到下邳去狙击袁术。刘备的机会到了。

刘备听说了这个消息，第一时间主动请缨赶赴徐州。理由很充分，他熟悉徐州，而且和袁术打过架，是仇敌。曹操认可了他的理由，这时候曹操忘记了他曾经把刘备说成是和自己一样的英雄这件事了。既然是英雄，怎么能随便放跑呢？刘备原本就天天搜肠刮肚地想办法离开这个鬼地方，没想到曹操突然吃错药了，不但放自己出去，还给自己配备了一支强悍的武装力量。这时再不走，可就是全世界最蠢的傻子了！于是刘备刚刚得令，便立刻跑回家里，顾不上后院的那些菜，赶紧招呼关、张带上曹操拨付的部队，脚底抹油溜了。

刘备跑了

曹操为了拦住北上的袁术，派刘备带领朱灵前往其必经之路拦截。程昱和郭嘉知道曹操的这个命令后，意识到老板犯了致命错误，立刻来找曹操。郭嘉说放走刘备事情恐有变化。程昱也说："主公您先前不杀刘备考虑得是很周全，我等确实比不上主公，但这一次不一样，您让他拥有兵权了，刘备必生异心。"就连刚刚被曹操任命为冀州牧的董昭也说刘备有大志，又有关、张二人为羽翼，心里怎么想真不好说。总之，大家都认为让谁带兵出去也不能让刘备带兵出去。曹操一听几个顶尖智囊的话，就知道自己搞砸了，他追悔莫及，赶忙派人追过去。可是刘备能逃，自然逃得比谁都快，这回更是脚底生风，曹操派出的使者没能追上。

刘备超额提前完成了战备任务，马不停蹄赶到了徐州。还没和袁术交战，袁术就知难而退了，行动任务就这么圆满完成了。刘备、朱灵如期完成了上级下达的任务，按常理，事情办完了，还办得很漂亮，应该回许都向曹操汇报工作，可刘备让朱灵先走一步，自己要多留一段时间，毕竟在这里待过。朱灵一想，这也是人之常情，就先走了。他一走，徐州力量空虚，刘备就可以做自己想做的事了。

他最想做什么事？当然是夺回徐州了。他做的第一件事就是把坐在自己位子上的叫车胄的家伙给砍了。车胄还没明白发生了什么事，脑袋就已经落地了。辗转多年后，徐州又回到了刘备手上。这下问题大了，车胄可是曹操任命的徐州地方官，把曹操的人杀了，就意味着公然和曹操对着干，也就表示刘备和曹操彻底决裂了。从今往后，两个人穷其一生都是势不两立的超级对手。

回头看看，刘备之前投降曹操也不是没有得到丝毫好处的，至少捞了一个正式名分，得到了朝廷官方认证的豫州牧、左将军等头衔。正所谓名不正则言不顺，有了这些名号，刘备等于有了官方认可的身份，说话做事底气也足了。刘备回来了，当地人心里就有了想法，东海郡守昌豨（另一种说法叫昌霸）一看刘备脱离了曹操集团，就立刻宣布要去投他，也背叛了曹操。在他的带头作用下，其他小地方武装、土匪也纷纷团结到刘备身边，举起了反曹旗帜。刘备在这一带的号召力还是很大的，没过多久，手下人马数量狂涨，点算一下，居然有了几万军队。于是刘备大胆宣布，从五年前就已经掌牧徐州了。敢于公开背叛曹操，除了手下人马数量暴涨之外，还有另外一个原因——袁绍撑腰。

袁绍怎么掺和进来了呢？刘备知道曹操肯定会派人过来围攻自己，现在他手上区区几万人当然打不过曹操。既然不是曹操的对手，只好跟曹操的敌人联手，共同对付他了。现在曹操最头疼的敌人是袁绍，所以刘备早早派了孙乾到袁绍那儿寻求合作，袁绍当然同意了。

袁绍现在处于统战阶段，四处拉人入伙，刘备这个天下英豪主动投奔他，他能不答应吗？刘备最大的生存技能除了跑路，就是总能在跑路中找到靠山。听到刘备在徐州公开背叛自己的消息，曹操勃然大怒，决定必须采取行动好好教训他，于是立刻派出了司空长史刘岱、中郎将王忠去攻击刘备。

这里说的刘岱不是已经死去的兖州刺史刘岱，而是曹操司空府里的秘书长，是曹操的老乡，算是曹操的亲信。至于王忠，那更是狠角色了。当年关中大乱的时候，这家伙因为饥饿吃过人。这在《三国志》中有明确记载。后来曹丕做了皇帝，还拿王忠这段黑历史来开玩笑。曹丕还派人专门从乱坟岗里挖了一些骷髅，串起来挂在王忠的马鞍上。

曹操派出的这两个人，一个是信得过的，一个是打得过的，按说是完美组合。可刘备也不是省油的灯，从斩杀车胄那一刻开始，他已经做好了迎战准备。虽然刘岱、王忠气势汹汹地率领大军围攻徐州，碰上刘备却是不堪一击，溃不成军。刘备好不得意，觉得曹操不过如此，不禁有点飘飘然，在两军阵前喊出了时代最强音："像你等这样的菜鸟，再来一百个，也抓不住我一根汗毛。就算是曹操自己来了，胜负也未尽可知。"

其实，刘备这次取胜是运气好，曹操现在在官渡被袁绍绊着，暂时来不了。当然刘备对这一点也是心知肚明的，他认定了曹操绝无分身之术，才有胆说几句大话。然后，刘备留下关羽镇守下邳。这回不用张飞了，张飞守下邳老是出事。刘备自己回小沛享受生活去了。

刘备现在神清气爽，当初如果不是跑得快，现在已经被扔到牢里去了。他对着刘岱、王忠吹牛的时候，他在许都的同伙已经彻底暴露了。刘备走了以后，董承对王子服说："郭汜当年数百人曾经击败李傕几万人。这说明大事是否能成，看足下是否与我同心了。昔日吕不韦有了子楚之后得以富贵，今日吾与足下也当如此。"王子服听了，赶紧推辞说："在下不敢。况且我等兵力不足。"董承说："若是成功就能得到曹操雄厚的兵力。将军还不满足？"王子服听了有点动心，就问："大人，我们在京师还有同谋之人吗？"董承扬扬得意地说："那是自然。长水校尉种辑、议郎吴硕都是我的心腹。"这样看来，董承对自己的计划还很有信心的，但往往这种嘴巴比脑子大的人下场都很难看。

建安五年（200）正月，可能在新春茶话会上，董承大人喝多了，说漏嘴了，居然开始吹嘘衣带诏。

世上有种蠢人就是从来不认为自己蠢。《三国演义》里说这事儿是董承的家奴秦庆童出卖了他，估计也是捏造的，正史无从查证。

果不其然，曹操第一时间得到了密报，听说有这么个想要自己性命的衣带诏，还能忍得下去？他还能放过董承？曹操立刻下令把这些该死的家伙统统抓起来。董承、王子服、种辑三个骨干成员被抓获归案。曹操问都不问，大手一挥说："皆夷三族。"他要让所有想和自己为敌的人看看，这就是下场。杀了这几个人，衣带诏事件里另外一个重要人物——刘备，也该好好收拾一下了。曹操决定亲自向刘备发起进攻。

第三章

颜良、文丑斗不赢地主关羽

刘备又逃了

刘备之所以敢在徐州和曹操叫板，是因为他看到目前曹操和袁绍间的局势已经处于紧张状态，给曹操一百个胆子，他也不敢在袁绍的压力之下轻易离开许都远征徐州。这个判断，刘备没有做错。

建安四年（199）注定是多事之年。袁绍击败公孙瓒后，把边境少数民族全部安抚了。在黄河以北袁绍已无强敌，剩下的只有黄河以南的曹操了。曹操也看出了这种局势，但是能看透局势，却不会随随便便就被别人看透。

建安五年（200）春天，刘备最不愿意看到的事情发生了。曹操决定率军亲征徐州。曹操的思路是很清晰的，在这个节骨眼上，放任刘备在徐州闷头发大财，聚集几万军马，到时候和袁绍两面夹击，他的情况就不妙了。先把刘备给收拾了，他才能一心一意对付袁绍，避免腹背受敌，两线作战。

做出这个决定后，曹操手下很多人反对，说："主公，您现在的对头是袁绍，要和您争天下的是他，不是刘备。刘备小菜一碟，何必您亲自过去？况且要是您过去和刘备纠缠，袁绍在咱们背后发动进攻，情况就不好说了。这个举动太高危，主公，人可以激动，但不能冲动，务必冷静，关键时刻最能体现领导的智慧。”曹操说：“刘备是人杰，若不尽早铲除，日后必成大患。袁绍虽有大志，但是观察事物相当迟钝，必不会有所行动。”

这时，郭嘉站出来坚定地支持曹操。他说，袁绍生性多疑，动作向来迟钝，即便想来进攻也要开会让几大谋士互相讨论一番，然后才开始行动，必不会来得太快。刘备现在虽然口气很大，但是脚跟还未站稳，人心还没有完全归附。若他们赶紧进攻，一定可以在短期内击败刘备，不费什么力气就可以拿下。郭嘉和后来诸葛亮稳中求进的风格不同，他的谋略特点是险中取胜。他很善于分析和判断对手，读心术很厉害，精通从对手的性格缺陷中捕捉战机。事实证明，诸葛亮的四平八稳不一定会换来胜利，郭嘉却往往能得到理想的结果。这次郭嘉的判断又完全正确。大家一看郭嘉都支持，也就没人再反对了。曹操安排好官渡前线的防务后，亲率大军征讨刘备。

刘备无论如何都没想到事情会发展成这样，变化如此迅猛。他还在小沛享受幸福生活，前方就传来线报说曹操来了，他还不相信，率领几十个骑兵出去看个究竟。登高望远，铺天盖地的曹军中有曹操的麾盖，还有精骑，好像专门向刘备示威似的。刘备看得脸色惨白，于是就很不争气地做了件让人看不起的事。他不是第一次这么做了——弃众而逃，居然又一次谁也不顾，只身逃跑了，早已把豪言壮语忘到九霄云外。刘备打仗的功夫平平，但反应快，一溜烟跑到青州刺史袁谭那儿了，再次向世人证明了他逃跑的功夫在三国时代绝对一流。而且逃的时候可以不要军队，不要兄弟，甚至连妻子儿女都不要。

刘备的老婆第三次被扔下，前两次被吕布俘虏，这次成了曹操的俘虏。当然，同样走不脱的是其余部属，统统被曹操收编。在小沛收拾了刘备后，曹操转头又去打下邳了。

一眨眼工夫，局势已经彻底反转，关羽还没反应过来，不过以他手底下那点实力，再厉害也是挡不住的。挡不住，也逃不出，关羽被曹操逮住了。《三国演义》中的“屯土山关公约三事”等故事，历史上是没有的。俘虏了就是俘虏了，实力不如人，打了败仗被抓走了。关羽也是虽败犹荣。

曹操是很爱才的，关羽降过来以后对他相当好，立刻提拔他为偏将军。不过，曹操也观察到，关羽是真的人在曹营心在汉，不是真心归降，于是就派了平时和关羽关系好的张辽去打探消息。关羽是有血有肉的好汉，而且很讲义气。他叹息说：“我知道曹公对我很好，但我和刘将军曾盟誓在先，要同生共死，我是绝对不会背叛的。终有一日我将离开。不过离开之前，我必定要报答曹公。”张辽为难了，原来关羽不是真心投降，如实报告吧，曹操恐怕会杀了关羽；不报告吧，好像又对不起老板。最终张辽选择如实汇报。曹操倒也没杀关羽，只是问了一句：“你估计关羽何时会走？”张辽说：“羽受功恩必力效报公而后去也。”意思是说，关羽立了功以后就会离开。关羽离开时的过五关斩六将是《三国演义》中的故事，在《三国志》里没有。

曹操率军东征，大败刘备，前后只花了十几天时间，巧妙地形成了一个时间差。等袁绍反应过来，曹操已经解决了刘备，回到官渡前线了。曹操成功解除了后顾之忧，避免了两线作战，可以一心一意和袁绍决战了。

难道在这个过程中，袁绍那边一点反应都没有吗？说没有反应是假的，但没有行动是真的。袁绍的阵营中，并不是所有人都麻木迟钝。听说曹操要去打刘备，袁绍阵营里也有人认为，攻打曹操的最佳时机已经降临。这个人立马找到了袁绍，要求启动进攻程序。这个人是田丰。田丰说："现在曹操正和刘备打仗，这是咱们的好机会。若我军赶快向曹操后方进攻，一战即可把曹军摆平。"不管从哪个角度看，田丰这个建议都是绝对正确的。如果袁绍能听从这个建议，那么曹操肯定不是现在历史上的那个曹操了，袁绍也不是现在历史上的那个袁绍了。

本来这是一个极好的建议，可袁绍听了居然半点都不激动，也不认为这是一个历史性机会，直接拒绝了。而且拒绝的理由相当雷人，他说："我家幼子刚刚生病，不宜去打仗。"田丰一听，气得一口老血都要喷出来了。袁绍是一点不急，最后田丰没办法，举起手杖猛击地面，感叹道："嗟乎，遭难遇之时，而以婴儿病失其会。惜哉，事去矣。"意思是说，碰到这种好机会，居然因为一个孩子生病而失去了。大势已去，若不完蛋，真是岂有此理。

事实证明，果不其然，曹操迅速拿下了刘备，把刘备逼得到处乱跑。对袁绍，刘备也是相当失望。但现在天下诸侯没几家了，能去的地方也只有袁家。袁谭对刘备还是比较尊敬的，亲自率领部队前来迎接，并把他安置在平原。刘备以前是平原令，这是以前他担任县令和相国的地方，只不过那时候他还是老同学公孙瓒的部下。现在公孙瓒被袁绍灭了，刘备一转身又变成老同学的死敌袁绍的部下了。如果没有《三国演义》里刻意的描述，估计很多人看到这里就会发现，刘备跟吕布好像也差不了多少。

不过对于这一点，袁绍倒不是很介意。他对刘备的到来欣喜若狂，吩咐儿子一定要隆重接待，还专门派大将将刘备迎到了邺城。这次接待的规格是相当高的，刘备还没到邺城，袁绍亲自出城 200 里，为刘备举行了隆重的欢迎仪式。刘备就此在邺城住了下来，之前被曹操打散的军队听说老大到邺城过上了幸福生活，也纷纷跑来找刘备。其实是袁绍特别敬重刘备吗？也未必是。袁绍这么做，是因为刘备的到来，填补了天下无人支持他的空白，满足了他想做"带头大哥"的虚荣心。况且刘备不是白来的，还得在官渡前线为他当挡箭牌、炮灰，挡住曹操的脚步，这才是袁绍真正的目的。

对待谋士的区别

袁绍父子对刘备还是很敬重的，把他当成宝贝。刘备又看到希望了，等了一个多月，他手下被打散的士卒逐渐归来，刘备把他们聚拢起来供袁绍调遣。

这时，曹操与袁绍的大战正在有条不紊地准备着。刘备自然也不能闲着，他肩上还扛着一个他不愿意承认又不得不承认的重任——炮灰，这也是寄人篱下的悲哀，更让他沮丧的是，好兄弟关羽居然帮曹操打工了。想到与好兄弟即将在战场上兵戎相见，刘备心里实在难受。但难受有什么用？他必须继续玩藏心术。刘备不愿意臣服曹操，也不愿意臣服袁绍。刘备是不想做谁的臣属的，他只想做自己。

年轻的时候，刘备就曾经在大桑树下发誓"吾必当乘此羽葆盖车"。从那时开始，他就信奉这样的人生信条：世上靠得住的只有自己，也只有自己才能创造完美的人生。

曹操收拾完刘备后，并没有回许都庆祝胜利，而是回到了官渡前线。曹操回来的时候也是一头冷汗。这一趟是有点任性了，还好袁绍没有趁这个时间来打自己，否则就难看了。

这时轮到袁绍来劲儿了，他收了刘备以后，觉得自己在官渡前线的胜算又多了几分，决定加快渡河进攻许都的步伐。大概这时他小儿子的病已经好了，可以去打仗了。于是他又召开会议，想听大家的意见。

会上他说："现在攻打许都的时机成熟了吧？"别人还没有发表意见，田丰又跳出来了。袁绍一看抢先发言的是田丰，心里暗爽。因为田丰是主战派，上回别人都还没说话，他就说一定要趁曹操出征刘备的时候兜他老底，抄他老窝。这回不用想，他绝对是力挺自己的。没想到，田丰却开始啪啪打他的脸了。

田丰是提反对意见的。给袁绍这种人献计，其实心挺累的。不光要把计策想到位，在献策的过程中，语气、句式、语境也都得仔细考量，要达到在献计的同时不失奉承，在奉承的同时不忘把计策献上去的效果。单把计策说出来也不要紧，还必须选择袁绍的长处来说，千万不能揭他的短。一旦冒犯了他，袁绍肯定会和你玩儿命。碰到这样的老板，手下员工也是够倒霉的。可惜田丰太耿直了，他献策的时候没想到这一点，只想到现在拖拖拉拉已经失去了最佳战机，所以田丰泼冷水是很不客气的。

他说："曹操打败刘备，肯定已回军许都，现在许都必不空虚。曹操老奸巨猾，手下部队人数虽不多，但善于用兵，不可轻视。稍有不慎，必吃大亏。所以主公，现在不如来个持久战，看清形势再说。咱们一边和他玩持久战，一边慢慢盘活手里的四个大州。把各项基础建设搞上来，再大搞外交活动，争取联合更多朋友，形成抗曹统一战线。随后选好精兵，分成几路不断骚扰他，让他顾不过来，连搞农业生产的时间都没有。到时我们还很有力量，他已经又疲又累。以在下愚见，不出三年，就可以把他完全拖垮。而现在若集中所有力量和曹贼决一死战，如若成功，自然是好事，若不成，就只剩后悔了。”

田丰的建议绝对是合理的。从后来的历史发展看，如果袁绍按田丰说的做，曹操基本没得玩。可是在袁绍这儿，每次开会似乎都是为了征集把自己的事业推向失败方向的意见，这回也一样。听完田丰的话，他脸色一沉。

袁绍虽然优柔寡断，可是一旦决定的事情，管它是对是错，九头牛也拉不回来。所以他当场否决了田丰的建议，不予采纳。

田丰很执着，袁绍没有采纳他的建议，他不依不饶。当然，我们知道田丰的话是忠言逆耳，但这对于领导来说就有点过分了。要知道，袁绍不是一般地要面子，你让他在大庭广众之下下不来台，他可能让你一辈子都上不来台。田丰没想到这一点，继续讲不能进兵的理由，一旦出兵会有怎样的后果。袁绍恼了：“大胆，你这是搅乱军心。”这个定性够严重的，必须受到军法处分。于是田丰被戴上刑具，当成违法乱纪分子扔到大牢里了。

袁绍的意思是：“我把你抓起来，看老子取胜以后怎么收拾你。等得胜归来，再把你放出来，我看到时你还要不要老脸。”

别人一看田丰的下场，还敢发表反对意见吗？根本就没人吱声了。袁绍很满意，立刻向各州下发文件，罗列了曹操的一大堆罪状。

把前期工作做好以后，建安五年（200）二月，袁绍高调宣布向黎阳进军，一场史上有名的大战——官渡之战，就此拉开了大幕。

关于这场大战，谜团其实蛮多的。别的不说，拿兵力来讲，史书上有据可考的是袁绍兵力十一万左右，这似乎没什么争议。但是关于曹操兵力的说法就不同了。有说曹操当时手下兵力不足一万的，有说曹操兵力是两三万的，也有说是五六万的。曹操兵力不足一万人的说法出自《三国志·武帝纪》，但这种说法一看就知道很荒谬。曹操之前东征西讨，打败了杨奉、陶谦、袁术、吕布，又打跑了刘备。一直在打胜仗，光招安的降兵都不止一万，况且现在曹操还拥有好几个州的地盘，在这些地盘上抓点壮丁也不是难事，更重要的是，他之前还招降了三十万青州军。《三国志》这样记载有两种可能：一种是认为曹操把士兵都派去农耕了，那些人不能算直接打仗的人，这一万人是指随时能调动的、跟在曹操身边的常备部队；第二种是，当时曹操在有意麻痹对手，到处放风说手下兵力不足一万，对付起袁绍来，捉襟见肘，这回袁绍一定会赢。这种风声让袁绍放松了警惕，而这种说法传着传着就被《三国志》记载下来了。

当然，这都是后人的猜测，陈寿在记这个数字的时候，到底是怎么回事已经无从可考。但可以肯定的是，不可能是一万人。

以曹操的聪明，他当然明白，现在是和袁绍摊牌的时候了。尽管在战略上要藐视敌人，但战术上是不敢掉以轻心的。对面派出十一万人马，他怎么可能真的派一万人去鸡蛋碰石头？就算这一万人是天兵天将，也不敢如此轻率。

客观地说，曹操的兵力的确比不过袁绍，但不至于这么可怜。曹操兵力少，可以从另外一个例子中看出来。当时程昱到鄄城去当一把手时，手下只有区区七百人。鄄城可是和袁绍对峙的前线，只有七百人守这个军事要塞。如果曹军军力充沛，布置在这里的起码要七千人才对。曹操自己也看出来了，鄄城是他的发家福地，程昱也是他手下得力谋士，于是决定给程昱增兵，增多少呢？给了两千人。看到老板给自己增兵两千人，振威将军程昱不干了，坚决推辞。他推辞的理由不是嫌少，是嫌多。他对老板说："不必再给我增加兵力了。现在袁绍带领十多万大军前来，若看到我只有几百兵马，势必不会把我当回事，懒得向我发动进攻。主公如果给我增加兵马，那就不一样了。袁绍经过这里的时候，肯定要先把我吃掉才会觉得踏实。主公给我增兵两千，也抵不住袁绍的一击，还不如干脆别增加了。鄄城这方面，主公您就别担心了。"真是置之死地而后生，作为一个谋士，程昱能这么想是智慧，敢这么做是胆量。

程昱有没有说错呢？没说错。袁绍大军很快就来了，听说程昱带几个老兵守着鄄城，天天在街上维持秩序，真不把他当回事了。于是袁绍绕开鄄城走了。知道了这事以后，曹操深为佩服，说："程昱之胆过于贲育也。"意思是，程昱的胆量真是让人佩服，比当年的孟贲、夏育还要牛！孟贲、夏育是战国时期赫赫有名的大力士。孟贲就是当年和秦武王一起到周朝太庙玩举重游戏的那位。夏育是卫国人，力拔牛尾，举鼎千钧。曹操把程昱与这两位大力士做比较，已经是很高的评价了。

对比田丰和程昱的遭遇，一个是袁绍的谋士，一个是曹操的智囊。两人都很有头脑，都可以为主公的事业不顾个人安危。田丰是拼命进谏，程昱是冒死守城。可是他们的结局却是不一样的。田丰被自己的老板扔到大狱里去了，就因为说了老板不喜欢听的话；而程昱却得到了老板的高度评价，做到了老板也未必敢做的事。大战还没开始，在收拢人心方面，袁绍又输了一筹。

千古奇文

有人说，一天不看书，人就会变钝；一个月不读书，人就会变傻；一年不读书，人就会落伍。所以不管官渡上方如何战云密布，曹操还是一有空就读书。其实对于权力斗争来说，曹操始终是若即若离的，沉溺其中，又能随时抽离。与其说他是夺江山，不如说他是在找自我。读书这个爱好他是无论如何都不会放弃的。似乎只有埋到文字里，他才能找到真正的自己。可是看着书，他的脑袋又开始疼了，疼得狠狠地用双拳捶打自己的头颅。如果说世界上只有一个曹操不能征服的敌人，那肯定是他的逆气病。健康的人的气是下行的，所谓清气上扬，浊气下沉，浊气排出了，身体基本也就没有大毛病了。但是这股气如果逆行，浊气上升，人就会胸闷气喘，心慌头疼，这就是得病了。中医把这种情况叫逆气。

有人说，这种逆气病积久了会得脑瘤。曹操常常在身边放个装水的铜盆，一旦头疼就把整个脑袋泡在水里，希望通过水温减轻痛苦。不过这种方法治标不治本，作用不大。

建安五年（200）正月的一天，曹操头疼的时候突然发现了一个可以止疼的良方。这一天头疼欲裂的曹操收到了一份紧急文件，就是袁绍发给全天下的讨伐曹操的檄文。檄文的开篇就把他吸引住了："有非常之人，然后有非常之事；有非常之事，然后立非常之功。"这几句话就把曹操镇住了。他好些年没读到这么有灵性的檄文了。文章的水平确实高，写作水平了得，曹操顿时忘记了头疼，津津有味地读了下去。

这篇檄文写得很好，从曹操的祖父、父亲开始骂，把曹家整个家族骂得体无完肤。这篇檄文先是挖到了曹操的爷爷曹腾。给曹老爷子找了一大堆罪状，说他是宦官妖孽，他的孩子，也就是曹操的亲生老爸，不知道是从哪里领养来的野孩子。所以曹操是“赘阉遗丑”。区区四个字深刻揭露了曹操的根底，这文字功底真不一般，立刻把曹操的丑恶家底和卑鄙嘴脸活灵活现地展现在大家面前了。

这篇檄文已经把骂人升级到一定的高度了。把祖辈、父辈骂完了，又开始骂曹操本人。第一，说曹操几次陷于危机都是袁绍出手相助。老袁实在是毫不利己，专门利人。可是令人恶心的曹操却恩将仇报，偏偏要进攻袁绍。第二，曹操爱乱杀人，这一点曹操也无法反驳，几次进攻徐州后的屠城，搞得当地生灵涂炭。这天下人都知道。第三，曹操专制朝政，还说得好听要奉天子，其实就是挟天子以令诸侯。第四，曹操因个人恩怨随意治罪。第五，曹操设置发丘中郎将、摸金校尉等官职，专干盗墓的事，这是要被天打雷劈的。第六，曹操统治残酷，翻遍古今所有书籍，里边的无道之臣中，贪残酷劣的就属曹操最严重。第七，曹操与公孙瓒相互勾结，要谋害袁绍，幸好袁公英明神武，把公孙瓒灭了，否则岂不是又着了曹操的道吗。

这篇檄文正文共 1453 个字。古时惜字如金，一个字代表的含义可以是现在的十个字了，能写出 1400 多个字，按现在来说可以成万言书了。真是洋洋洒洒，文采飞扬，至于给曹操找的罪状，虚虚实实，实实虚虚，最高明的是真中有假，假中有真，真假难辨。不仅旁人看上去酣畅淋漓，大呼解气，就连曹操看来也是频频点头，感觉颇有滋味，仿佛檄文骂的不是他。

总之，这篇檄文对曹操祖孙三辈刨根挖底式的骂街风格相当有特色，很有攻击性。文章写得实在太精彩了，让人拍案叫绝，曹操不但不生气，反而欣赏起来，一时间居然不觉得头疼了！

让曹操不再头疼的檄文名为《为袁绍檄豫州文》，是中国古代著名的檄文名作，现在还被人津津乐道。袁绍是没水平写这篇文章的，曹操当然也知道，在当时天下只有陈琳才有这样的文笔。

没错，这篇檄文正是袁绍派才子陈琳写的。陈琳，字孔璋，广陵射阳人，诗、文、赋皆佳，是天下闻名的大才子。曾是何进手下的主簿，主簿相当于秘书长，是个专门写文章的职位，这个职位对陈琳来说，当然是再合适不过的。陈琳不仅文采飞扬，政治头脑也可以。何进招董卓进京，陈琳曾极力劝阻，何进不听，结果被陈琳说中了。何进被杀，陈琳跑到冀州避难。董卓进京后，逼跑了袁绍，袁绍第一站到了冀州，把冀州据为自己的地盘后，陈琳自然也就跟了他。袁绍看陈琳确实有才，就让他负责文字工作。在陈琳这件事上，袁绍总算是知人善任了一回。

写讨曹檄文，陈琳的才华淋漓尽致地发挥了一番，让天下人都看到了这篇奇文。这篇檄文还写了公开悬赏的内容：得曹操首级者封五千户侯，赏钱五千万。而且还动员曹操一方，写着不论是偏将、小校，还是小官，只要肯投降到袁公这边就不再追究任何罪责，包你有肉吃。

官渡之战之后，袁绍大败，陈琳也被捕了。曹操专门叫人把他押过来，把那篇檄文往他面前一扔，问：“这篇文章是不是你写的？”陈琳倒也不害怕，直接承认了。曹操哭笑不得，恨恨地说：“你骂我倒也罢了，为啥连我祖父、父亲一块儿骂？他们可没得罪你。”陈琳的回答十分诚恳：“箭在弦上，不得不发。是没办法，我在人家手下打工，人家让我做我就得做，谁都知道我写战斗檄文是强项，当初袁绍讨伐公孙瓒的时候，我不也奉献了一篇歌功颂德的美文吗？在你没有打败袁绍之前，你在我心目中和公孙瓒又有什么区别呢？”曹操想了想，也是这个道理，换成自己是陈琳，恐怕表现还没那么优秀。尽管当时曹操还没有自称丞相，但他显然早已经有了宰相的肚量，不但没有追究陈琳的责任，反而让他留在身边继续做官。

曹操有这样的胸怀，手下怎么会没人才？那些人才怎么会不死心塌地地跟着他？

袁绍根本没有看得那么长远，他只觉得现在手头有一篇檄文就可以了。文字就是力量，文字就是武器。有了这篇檄文，已经取得了一半胜利，这就是精神的力量，至于另外一半当然是武力了。比武力，袁绍也不担心，河北名将颜良、文丑跟着他一起出征了。有这两个人在，袁绍觉得另外一半胜利也掌握在他手里。颜良、文丑是袁绍最得意的武将，曹营那边也认为他们特别厉害。孔融听说颜良、文丑也出征了，说：“曹公咱投降吧，放弃抵抗吧，颜良、文丑勇冠三军，谁能打得赢他们？现在袁绍头疼的不是如何取胜，因为取胜是板上钉钉的事了，头疼的是胜利以后如何建立新政权。”

虽然孔融持悲观论调，影响士气，该严肃批评，但有一点让孔融说准了，那就是袁绍真的在为战胜曹操后建立新政权做准备。为了实现自己这一伟大构想，袁绍专门命长子袁谭去高密县，接早已告老还乡又年过七旬的学者郑玄到官渡来。袁绍的算盘打得很精，郑玄不仅才华出众，名扬天下，为人敬仰，还门徒众多，光有名有姓的就有一千多人。冀州名士崔琰就是其中之一。有这样一位大咖相助，再加上自己四世三公的身家、人脉，何愁不能称霸天下？只可惜事情并不以个人的意志为转移。袁绍想得挺美，现实却泼了他一盆冷水。郑玄老爷子年纪不小了，又有病在身，根本不具备出远门的各种条件。强行上路的结果就是老爷子真的“上路”了。一代大儒郑玄病死在元城县（今河北大名县）。

郑玄与世长辞，打乱了袁绍的计划。这要是一般人，肯定会停下来反思、复盘一下，然后再决定下一步怎么走。可袁绍偏偏就不是一般人，他觉得郑玄死了就死了，事情该做还得做，没了张屠户难道就吃带毛的猪了？笑话！于是，“聪明”的袁大将军很快又想出一条妙计来，没有活字典，那就带上一些关于典章制度方面的书籍吧，将来肯定用得上。信心满满地做事当然不错，但事情都有两个方面，曹操就一定这么草包吗？胜利的就不能是曹操吗？也许只有真的尝到苦果后，袁绍才会意识到吧。

三个赌局

官渡之战拉开了帷幕。如果此前袁绍听从沮授和田丰的建议，这时候已经进驻许都，把皇帝牢牢控制在手里了。可袁绍历来麻木，对于正确意见不敏感，以至于白白丢了几个好时机。如果只弄丢了其中一次机会，还可以算是偶然，情有可原。连续几次都犯了错误，把决定历史的机会从手指缝里放走，这类人就可以毫不犹豫地被定性为废柴了。

袁绍之前是非常信任沮授的。在平定黄河以北的时候，沮授没少发挥作用，立下了汗马功劳。偏偏在官渡之战这件事上，袁绍不听沮授的意见，甚至把和沮授提出类似意见的田丰扔到牢里去了。沮授这回算是彻底认清了袁绍的面目，知道他只能从失败走向失败。所以沮授虽然随征官渡，但是出发之前把亲戚朋友都叫来，把财产平分给他们。他说："此次出征，我恐性命不保，留着这些财产有什么用？"他弟弟沮宗说，"袁公现在的部队比曹操强悍多了，哪用这么悲观。"沮授说："你只看到表面现象。其实现在曹操很有优势，皇帝在他手里，道义上他就有主动权。咱们这些年跟公孙瓒打个没完，虽然取得完胜，但已经很疲累。主公和其他人一样都没考虑到这一点。这种状况下，这一仗还能打吗？"

像沮授这样清醒的人真的不多了。到这时，双方已经把前期工作准备得清清楚楚、妥妥当当，接下来就应该开始战斗了。

为了抵挡袁绍，曹操布置下三道防线：第一道是黄河北岸的黎阳；第二道是黄河南岸，其中东线是白马，西线是延津；第三道才是官渡。曹操为什么只把守黎阳、白马、延津、官渡这四个据点呢？万一袁绍不按常理出牌，不从这几个地方走呢？万一袁绍派出一支奇兵偷袭许都呢？……上面的情况只要有一种发生，曹操的布置就会落空，这个看似严密的纵深防御方案就会成为古代版的马奇诺防线。既然如此，曹操为什么还要这样做呢？原因有二。

一来，实在是实力有限，兵少啊！曹操虽然又是把汉献帝迎到许都，又是实行屯田的，但这一切并不能掩盖他现阶段的实力明显落后于袁绍的事实。这样做，也只是为了在局部形成优势兵力，给袁绍以打击。

二来，曹操也是在赌。作为老朋友，曹操非常了解袁绍，他就是在赌袁绍没有那份决断力。无论是不走黎阳等地，还是奇袭许都，以袁绍之优柔寡断，根本做不出来。只要袁绍这家伙发挥正常，自己就是有机会的。

建安五年（200）二月，欣赏完陈琳的檄文后，曹操亲率大军由邺城南下逼进黎阳。这个军事意图实际是无意抵抗，主动撤到黄河以南以保存实力。这么做也是为了配合南岸防线的机动部队，创造局部优势。于是袁绍轻松占领了黎阳，之后当然少不了大吹大擂庆祝一番。这就是第一个赌局了——曹操主动放敌人进村。

袁绍开始有所动作了。黎阳紧靠黄河，与曹操的防线隔河相望。在黄河南岸开辟一块根据地，就可以给后进部队抢占有利据点，作为整体进攻的支撑。袁绍特意把这个光荣而伟大的首战任务交给了麾下最得意的猛将颜良。这可以算是正史中颜良第一次闪亮登场。《三国演义》里写到十几路诸侯围攻董卓的时候，他就出场了。而《三国志》中到建安五年（200）才提及颜良和郭图、淳于琼一起南渡黄河，抢占白马。这个人的战力究竟如何，一直以来是很多三国迷争论的焦点。有人说他排在吕布之后，也有人说他根本不上档次，被关羽三下五除二就弄死了。客观地说，能够成为当时天下第一大势力的前锋，没有足够的武力值是说不过去的。而且被关羽弄死多多少少都有一时犹豫的成分，是关羽速度太快太猛，不是颜良太差劲。但勇猛归勇猛，也不能说没缺点。他出战之前沮授就跟袁绍说："主公，颜良虽然骁勇，但性格太过急躁火爆，为人又太过骄傲，不可独当一面。"袁绍一听就不乐意了："我说他能独当一面，他就能独当一面，现在是我说了算。"这时候的袁绍心里对沮授已经不太信任了。

之前在争论是否要出战官渡的时候，沮授和郭图、审配有过一次大辩论。后来郭图、审配诬告沮授有异心，袁绍虽然没有马上相信，但疑心肯定是有的，再加上出征之前沮授散尽家财，摆明了不看好这场决战，袁绍能不怀疑他对自己的忠心程度吗？这时候沮授再说首席将领颜良不堪重任，袁绍怎么可能会听？

既然白马已经成为袁绍预选的主力渡河点，曹操当然不可能轻而易举地拱手相让了。现在是袁强曹弱，袁绍大军要是一股脑杀过来，曹操就算善于用兵也白搭。所以黄河一线格外重要，守住了这里，他就可以阻止袁绍大军大规模渡过黄河，也可以为自己从容调兵遣将争取不少时间。

颜良渡过黄河，猛攻白马。曹操派东郡太守刘延驻守在那儿。刘延作为曹操亲自挑选的前线指挥，军事素质想来也不差。当然光说不练假把式，能不能干还要看实际行动。颜良渡河攻城，刘延在兵力处于绝对劣势的情况下，死守白马足足两个月，直到曹操派兵前来解围。

不是说曹操觉得白马很重要吗，怎么拖了两个月才出兵？曹操的拖延症也不比袁绍差啊。这么想你就低估曹操了。曹操一听说白马被围，立马就想过来救，只不过被人拦住了。这个人是荀攸。荀攸劝曹操说："现在我们兵少，必须分散袁绍的兵力，这样才不会吃亏。现在先不忙着救白马。最可行的方法是主公先带部队到延津，做出准备渡过黄河去攻击袁绍后方的样子。袁绍怕后方被我们拿下，会向西移动来对付我们。等他的主力向西移过来的时候，主公再迅速回师白马，轻装猛进，这样就可以在白马形成兵力占优的局面。那时就可以把所谓的河北名将打个措手不及。"曹操一听这个主意很好，就这么办了，这可以说是曹操的第二个赌局。

如果袁绍不分兵西进，曹操在白马的优势就减弱了，可谓不堪一击。退一万步来说，即便袁绍真的向西移动了，曹操回击白马的行动也得读秒进行。如果早了，袁军自然就会识破他的用意；如果晚了，白马就失守了。第二个赌局也是千钧一发。可笑的是，袁绍偏偏配合度非常高，一举一动几乎都在曹操的预想之中。

曹操来到延津时特意摆出了要渡河的样子，这当然是瞒不过人的，就算刻意要隐蔽起来恐怕也会被人盯着。更何况曹操有意张扬，所以这逃不过袁绍密探的眼睛。没过多久，曹操的动向就被哨探摸清后反映到袁绍那里。袁绍一分析，觉得曹操这回看起来是扛不住了，想搞个迂回战术，抄自己后路。袁绍没经过太多思考，就亲自率领大军向西移动，来到了延津北岸，在这里设下重防，阻止曹操渡河。于是在延津南北岸就出现了这样一副盛况：曹操的部队天天喊着打到袁绍后方去；袁绍那边旌旗招展、得意扬扬地在延津北岸迅速集结。

曹操知道袁绍果然上当了，立刻按照荀攸的计划带领部队轻装简从，马不停蹄，全力奔袭白马。一直到离白马还有十多里的时候，颜良才接到消息，这才手忙脚乱地开始备战。

在白马，曹操给出了第三个赌局，这个赌局和战略战术无关，与个人情感有关。他想通过这场赌局把一个人留下来。打颜良的时候，曹操派出了有“万人敌”之称的关羽。到底关羽战力如何？是不是真心为自己卖命？他能不能杀掉颜良立功？立了功之后会不会像之前声明的那样回到刘备身边？他真回去了，曹操该怎么办？如果关羽阵前倒戈了，又该怎么处置？这些问题都要留给关羽与颜良一战去解答了。

斩颜良

白马丞颜良之前收到的线报都是曹操在延津，所以根本没什么防备。他围白马城已经很久了，每天到城墙下耀武扬威地挑战，刘延只是守城，不出来和他交手。当时正值初夏，颜良日子过得很是惬意，铠甲也没穿，成天让手下士兵撑着金黄色的绣花缎大伞，窝在大伞下面指挥士兵，真是威风凛凛，得意扬扬。这把大伞就是古时大将特用的华盖，也叫麾盖，相当于后世所谓的黄龙伞。用现在的话来说，就是高级遮阳篷，是高级将领才能用得上的。

只是这东西酷归酷，但在乱军中太过拉风，有时候也不太好，一不小心就会招至被敌军砍头的危险。当然，对于即将到来的危险，颜良一点思想准备都没有。他每天逍遥自在地巡逻，没个真正的敌人和他交手，作为一名河北名将、当世英雄，他觉得实在有点腻烦。颜良真的没发现曹操来袭吗？也不是，只是发现得太晚了。曹操轻装简从行军，速度相当快。颜良也派出了探马，但是探听范围并不大。等曹军离白马只有十来里地的时候，颜良的探马才发现。探马发现了军事情报也得一步一步跑回军中报信，尽管他动作不算慢，但是他在跑，曹军也在跑。颜良的探马前脚刚进军营，曹军后脚就赶了上来。这时候，颜良还在大伞下面看城头，望天色呢。

这次战斗，战场上的明星不是颜良，更不是张辽，而是令后世膜拜的武圣关羽。颜良即将用自己的人头为关羽塑造血染的风采。此前，关羽因为刘备把自己甩了，猝不及防地被曹操抓住，为了保留革命的火种，顺势投了曹操。曹操觉得关羽是个好苗子、有用之才，所以对关羽礼遇有加。这次和袁绍对敌，他也把关羽带出来了，打白马时还派关羽和张辽做了先锋。

奔袭到白马城下，曹军没有停下来，而是直接向敌人发起了冲锋。作为先锋，关羽发挥了勇往直前的战斗作风，一边英勇杀敌，一边观察敌人动态。他远远看到了敌军中那辆豪华华盖车，心想能享受这种待遇的，恐怕也只有颜良了。

作为袁绍的爱将，颜良平时生活太过奢侈，在战场上用这种华丽的装饰品，结果成了关羽攻击的靶子。关羽单枪匹马冲入颜良阵中，向着那顶华盖冲了过去。颜良刚刚得到情报，知道曹军杀过来了。再一抬眼，只见远处杀来一个人，情急之下赶紧喊左右牵战马，抄兵器，等手下手忙脚乱地牵过战马，他赶忙骑上，盔甲都来不及穿。

颜良心神有点慌张，再加上关羽冲得实在太快，他还没来得及拿兵器，关羽已经到他面前了。史料记载，关羽是“策马刺良于万众之中，斩其首而还”。关羽在万军之中直接一下刺过去，袁绍天天挂在嘴边的河北名将颜良就这样被轻而易举地废了。关羽在敌军众目睽睽之下，无比淡定地勒住马头，把手中长兵器往地上一插，翻身下马来到了颜良身边，不紧不慢地抽出佩刀，把倒霉的颜良的脑袋砍了下来，挂在自己马上，然后气定神闲地翻身上马，勒转马头向回冲。颜良手下的士兵都被吓傻了，心想这人谁啊？这么牛，把千军万马当透明一样。当颜良的士兵蒙圈的时候，关羽已经一路砍杀，赶回去和张辽汇合了。

史书说这一路“绍军莫能当者”，意思是袁绍军中没有一个人能够挡在他的马前。这时候，张辽也已经率领先锋部队杀到了。颜良军没了主帅，阵也不用布了，士气没了，惨呼一声应声而散。张辽和关羽又在颜良军中砍杀了好一阵。曹操率军赶到后，一鼓作气解了白马之围。

这一仗打得漂亮，直接打乱了袁绍的整体部署，使袁绍全军士气降至冰点。曹操看见颜良的脑袋，知道关羽立下了奇功。大喜之余，不仅给关羽记了头功，还表他为汉寿亭侯，汉寿是个地名，亭侯是侯爵的称谓。在赞赏的同时，曹操心里不禁飘过一丝惋惜，他知道关羽可能要离开了。

历史上的关羽和《三国演义》里写的差不多，是一位忠肝义胆的真汉子。当初曹操在下邳擒获关羽的时候，对他十分优待。虽然没有小说里上马一提金、下马一提银那么夸张，也是金银珠宝、地产、爵位一样没落下。曹操每次看到关羽都觉得他气概雄壮，但也能看出关羽没有久留的意思。关羽曾说报答完曹公的恩德后离去。关羽敢这么说，确实是了不起的人物。在封建社会，降了新主公还念着旧主公，不对新主公表忠心，大多会惹来杀身之祸。当时关羽应该也没料到，曹操居然真的有如此宽广的胸怀，但是他依然愿意冒这个风险，把实话说了出来。就冲这一点，他被后世奉为天神，也是理所当然的。

曹操听到这些话，没有像《三国演义》里说的那样设置种种障碍阻止关羽立功。在正史上，曹操不但没有拦关羽，反而对他更加礼敬。白马之战后，曹操不仅上表给关羽封了官，又赏给他大批金银珠宝。后来，关羽把这些宝物连同曹操给的住所统统封存，留下一封信，带领随从奔刘备而去。曹操的左右听说关羽要逃，准备率军追赶，被曹操拦了下来。

曹操说："各为其主，不必追赶。"至于关羽在投奔刘备的过程中，过五关斩六将，那是杜撰和民间传说。试想，如果关羽真能这么威风，一路杀回去，《三国志》中会一字不提吗？

罗贯中在《三国演义》里把关羽的经历戏剧化了，说关羽离开曹营后，因为曹操没打算让他走，所以他身上的通关文牒——类似于现在的护照之类的证件不齐全，一路上曹军不放行，逼得他不得不冲关，过了五道关卡，杀了六员大将。故事很引人入胜，可真实情况并非如此。

袁曹大战主要战区在黎阳、延津、白马、官渡和许都一线。这条线上，黄河的走向是由西南向东北。黎阳在黄河北岸，处于最上端；黎阳东南侧，黄河的南岸是白马，在黎阳西南方向是延津。这三个地方形成了一个不太规则的三角形。从延津再往西南一点是官渡。延津和官渡之间有个地方叫乌巢，过了官渡再向西南走一段，就是许都。可以说，袁曹大战完全是沿着西南向东北的黄河走向布置的。关羽要去找刘备，当然是向许都方向走，确切是向西南方向走，没有必要往北走。小说里硬是让关羽先跑到河北去，再向南折回汝南。故事当然是很吸引人的，但是犯了地理常识错误。如果关羽真要去河北，应该走白马或延津一带，直接渡过黄河进入冀州境内。关羽既然在河北混过，又在白马把颜良杀死，就不存在不识路的问题，不管怎么说，关羽还是回到了刘备身边，再一次拥抱了大哥。过五关斩六将不是真的，那斩颜良、诛文丑呢？文丑还没死，关羽就走了。其实，文丑并不是关羽杀的。

关羽离开了，接下来的问题就是刘备的家眷了。当初抓住关羽的时候，曹操把刘备的老婆也俘虏了，本来想借此要挟刘备，没想到刘备一点不动心，自顾自投到袁绍那儿去了，留下个烂摊子。这可难住了曹操，照惯例娶了让她们变成曹家的女人？刘备还没死，这么做招人骂。直接杀了？恐怕天下人都会说曹操没气量。留着也没多大用处。想来想去，曹操心一横，把她们放走了。

袁绍万万没想到首战居然在白马受挫，还折损了大将颜良，心里立刻就挂了火。正所谓，在哪里跌倒就得在哪里爬起来，袁绍发誓要找回面子，于是急吼吼地回师准备进攻白马。

袁绍的昏着

放走了关羽，曹操自然是伤心的，不过更让他头疼的是即将面临的袁绍的报复。杀了颜良，攻下了白马，袁绍是不会善罢甘休的。曹操对袁绍太了解了，知道绝不可以和袁绍在白马硬碰硬。可是应该往哪儿退呢？白马附近最大的据点就是延津了，但为了攻打白马，曹操已经放弃了延津，这时候袁绍肯定已经妥妥地渡过黄河占领延津了，现在往那里跑，岂不是自投罗网吗？当然，也不能直接跑到最后一道防线官渡去。思来想去，曹操决定再赌一把。他下令，沿黄河向西撤向延津，并且命令把白马地区的老百姓带上，说得好听是带上，说得难听是强迫。这和当初董卓迁都，迫使老百姓跟着一道迁到长安是一样的。当时天下大乱，人口锐减，土地无人耕种，攻下城以后老百姓也是战利品，把这帮人迁到下一个根据地接着种田，这种想法没错，但如果只限于这一层，就低估曹操了。这帮老百姓还有别的用场。

为什么说这又是曹操的一个赌局？这么大一支队伍，还有老百姓，行动起来缓慢程度可想而知，如果碰上袁绍主力，曹操真的毫无办法。百姓随军，行动缓慢。曹操这不是自找麻烦吗？

曹操的对手是袁绍，事情的关键是袁绍这时候在想什么。袁绍很快就知道颜良光荣地挂掉了，郁闷得不行，没想到爱将颜良居然死得这么窝囊，如果是在决战中拼到底，打到最后一滴血，死后还可以鼓舞全军士气。现在反倒挫伤了士气。袁绍心神乱了，按照原来的战略目标，他应该直接向南进攻，直奔许都。原本这趟就是为了拿下许都抢皇帝的，可是脑子一乱，袁绍急于和曹操一决高下，于是就出昏着了。

他下令全军渡河找曹操报仇，把渡河兵力分成两部分：一部分守卫白马，另一部分追击曹操。第二支部队的统帅正是文丑。颜良已死，文丑是此时袁绍手下最大牌的将领，为了确保万无一失，袁绍还给文丑配了一个包装最靓丽最有声望的周边——刘备。这时候刘备还没有去汝南，还在白马、延津一线配合袁绍作战。

看到袁绍又来昏着，沮授又忍不住劝："主公不要激动，按目前的战局，我们应该留在延津北岸。再分出一支部队到官渡去。官渡那边如果能打胜仗，再过河去追也不晚，如果那边情况有变化，这边也好有个照应。如果大家全体出动，打败了岂不是连退路都没有？"虽然事实已经证明沮授的话都很正确，但他出的计策袁绍就是不听。袁绍一听到正确的意见，不管是谁提出的，就是不听，连个反驳的理由也不给。袁绍无论如何都想不通，自己有十多万部队会出什么问题？他果断拒绝了沮授的建议。

沮授彻底失望了。他来到黄河边上，对着滚滚黄河水长叹道："上盈其志，下务其功。悠悠黄河，吾其济乎？"上说的就是袁绍，下指的就是袁绍下属。老大狂妄自大，高管个个贪功，黄河、黄河，我们还有成功的希望吗？沮授作为河北名士，是个聪明人，也很有个性。他跟着袁绍混了好多年，但就是看不透袁绍。袁绍是天生和正确意见为敌的人。你要想达到目的，最好说反话，提出相反意见。比如你想让他向东，就得反过来说西面比较好。你想让他和曹操打消耗战，就对他说速战速决比较稳妥。如果想要袁绍提拔自己，估计袁绍会让你直接滚蛋。但如果正儿八经写个辞职报告，袁绍也根本不会批准。所以尽管沮授写了一封辞职信，袁绍不但不批准，还觉得沮授太啰唆，成天婆婆妈妈的。这种人怎么能带兵？人不能走，兵也得留下。于是他解除了沮授的兵权，将他的部队并入郭图部下。

处理完内部事务，袁绍正式开工了。现在他最需要的是一场胜利，而且他觉得自己有取胜的条件，比如手下大将比曹操的大将猛，士兵比曹操的士兵多，自己没理由失败。可万万没想到，历史重演了。在延津展开的第二场战役，袁绍还是输了。不但输了，第二号猛将文丑也把命丢了。

诛文丑

曹操率领部队沿着黄河一路向西撤到了延津之南。来到南阪，曹操下令安营扎寨，营帐刚扎好，士兵们还没休息，老百姓还乱哄哄的，就听到远处传来一阵阵轰隆隆的声音，打惯了仗的人一听就知道这是千军万马正在齐步跑来的声音。很快，前方细作传回消息，赶来的正是袁绍的先锋部队，领队的是文丑和刘备。他们手下率领的精锐先锋有五六千人，而这时曹操身边只有五六百骑兵。曹军听到这个消息脸都白了，将士们齐刷刷看向了曹操。

没想到，曹操让他们先登高看看风景，顺便观察一下到底有多少敌人。看样子，曹操是要在这里设下一个赌局了。

很快，登上高处的侦察兵疾步前来报告，敌兵近了，有五六百骑兵。曹操气定神闲，心里很清楚，五六百骑兵只是前菜，主食还在后面。果不其然，没过多久，侦察兵又来急报，后面还跟着大队步兵，无法估算人数。听到这个消息，曹操手下将领的脸都白了。这时候想要活下去，应该是拔腿就跑，退一万步说，假如想在这里决一死战，应该全体回营严阵以待。可是曹操面不改色，下了个出人意料的命令：不必再探了，大家都下马休息。曹操要求士兵们走出营门，解鞍下马，而此时，辎重部队也到了，带着从白马顺过来的物资，上到金银细软，下到锅碗瓢盆。曹操下令，这些东西都不带进营，就在路边摆着，还不要摆整齐，越乱越好。

曹军将领们以为曹操被吓傻了。这么多敌兵冲过来，硬碰硬都会吃亏，更别提像现在这样懒懒散散的了。大家都可怜兮兮地看着被曹操封为谋主的荀攸。有人悄悄说："先生，你赶紧劝劝主公，敌人骑兵已经杀到了，数量如此庞大，赶紧进营坚守方为上策。"荀攸听了，却笑了笑说："回营固守当然容易，但这就太没意思了。现在正是忽悠敌人上当的好时机，哪能回营睡大觉呢？我们现在在这里还可以成为引诱敌人的诱饵，岂能说离开就离开呢？"

这话给曹操听到了，他心想：荀攸不愧是自己的心腹谋臣。没错，这就是在诱敌。

袁绍的先锋部队冲得很快，虽说大家都知道这是诱敌之计，但是看着敌人来势如此凶猛，曹军将领们又慌了。又围过来对曹操说："主公，敌人来了这么多，咱是不是可以上马了呀？"曹操依然不慌不忙，说不必着急。曹操要求大家务必耐心，因为一场大戏即将开始。

没过多久，袁军前锋冲了过来，结果发现，面对自己的不是严阵以待的曹军士兵，而是散放得到处都是的辎重。如果只是粮食也就算了，问题是，还有金银珠宝、锦缎字画等。随便揣一两件，其他人不会留意吧？人最难抵抗的不是刀枪，而是心中的贪欲，有这种贪小便宜心态的士兵绝对不止一两个，大部分袁军都动心了，他们开始骚乱。更重要的是，守卫辎重的曹军少得可怜，形同虚设，战斗力基本相当于零，一轰就跑了。

于是不知道哪个士兵带的头，伸手去拿东西，别人一看有人拿，都开始拿。好东西就那么点，想抢的士兵又多。一开始，士兵还能讲讲体面，到后面东西不够分了，就有人开始骂娘，骂着骂着就开始有肢体冲突。到最后，曹军还没杀过来，这些士兵就开始准备打架了。骑在马上的军官们一看事情不妥，就算士兵不打群架，扛着这么多东西，哪还有力气去挥动武器？于是勒住马头大声呵斥，可是这时候还有谁听他们的？士兵抢东西抢得眼睛都红了，先锋队伍一片大乱，似乎大家都忘记了不远处曹军正等着宰他们。

曹操在高处远远地看着，心中一阵狂喜，此时不出击，更待何时？他立刻对左右大喝一声："上马，杀！"曹军将领们早就按捺不住了，立刻指挥士兵全体上马。这时，曹军骑兵不过五六百人，经历了害怕以后，看到主公这么有信心，又看到对方士兵落入圈套，士气大振，知道这一仗要是不赢，所有人都要死在这儿了。于是，人人奋勇争先地向敌人冲去，曹操也翻身上马，身先士卒，一路狂奔。双方距离实在是太近了，一旦发起冲锋，一眨眼工夫，就已经打在一起。

袁军根本没想到，当场乱了阵脚。更要命的是，不仅仅是袁绍的先锋部队在抢辎重，跟随曹操从白马过来的老百姓也加入了抢东西的队伍。五六千人的部队被冲得七零八落，成了一盘散沙，士兵四处乱跑，和他们一样被吓得到处乱跑的还有辎重队伍里的猪、牛、羊。一轮大砍大杀之后，袁绍的先锋部队不是死就是伤，运气好一点的跑得无影无踪。

跟着先锋部队前来的刘备运气还是很不错的，当然也有赖于他善于跑路的本事，看情形不对，他连抵抗都没有，勒转马头就溜了。就算天下人耻笑，也没生命更重要。

在这次战斗中，刘备学会了这一招。至于名将文丑，运气就没那么好了。他率领的先锋部队被曹操的骑兵打得像被赶的鸭群，全面崩溃，自己也没逃掉，在乱军中丢了性命。他比颜良死得更难看，更不体面。关羽至少算是天下闻名的大将，死在他手下，颜良至少还有点面子。而文丑是被谁砍了致命的一刀都是个谜。反正就这么在这场混战中死掉了，死得不明不白。这对于号称河北名将，曾经被袁绍寄予极大希望的文丑来说，实在是太丢脸了。罗贯中先生在《三国演义》里把这笔账记在了关羽头上。

当然，打起仗来丢脸算不得什么，很多人天生就是不要脸的。因为袁绍对这两个人的期望值太高了，现在和曹操一交手，只打了两场没什么规模的小仗，就死掉了。袁军一想到这两个人的死，心凉到底了。这几场赌局中，袁绍输得很难看。

后院有麻烦

颜良、文丑一直是袁军中数一数二的名将，虽然在《三国演义》里两个人只是昙花一现，但是在正史中，这两个人的军事素质均高于张郃、高览，就连曹营里的孔融等人都说："颜良、文丑，勇冠三军。"由此可见，他们在当时战局中的影响力。可惜再好的将才也需要帅才统驭。如果他们不是跟了袁绍，而是选择了曹操，哪怕是归了刘备，也不至于落到这样的下场。可惜，一世英名扫入尘土。这两个人的死在一定程度上给袁军带来了恐慌。很多袁军开始产生怯战情绪，这显然激怒了袁绍。袁绍发誓要渡过黄河，抓住曹操。虽然连续两战失败，颜良、文丑战死，但兵力上袁绍还是占绝对优势的。

袁绍再草包，也不过是死了几万人，人数比曹操还要多几倍。玩人海战术，曹操绝对玩不起。那么，曹操的人都去哪儿了呢？史料上虽然没有明说，但是按战略思维来考量，许都得留人守，各地还有不少土匪，更要命的是南方还有猛虎——孙策也在蠢蠢欲动。还好，曹操在白马、延津之间牵制袁绍主力的时候，南方传来了利好消息。这年四月，孙策不幸中箭身亡了。对于曹操来说，这是喜讯，因为南面的压力一下子就减轻了。孙权年纪尚轻，刚刚接棒，人心不稳，不可能这时候指挥大军北上和袁绍对自己形成南北夹击之势，提防南方的精力和兵力都可以抽回来了。

于是，曹操决定退守官渡，不让袁绍有揪住自己主力部队的机会。中国历史上著名的战役之一、三国时期最重要的战役之一——官渡之战正式拉开了帷幕。

官渡位于鸿沟上游，汴水之滨，是许都东北面的屏障。袁绍如果要攻占许都，无论是兵团作战，还是奇兵偷袭，都无法避开官渡。一旦官渡有失，曹操集团就会土崩瓦解。而正在这时，汝南郡又有人竖起了反曹的大旗。

汝南郡一直有一支黄巾军分支活跃着。建安元年（196），曹操把汉献帝迎到许都，这支力量的首领刘辟觉得曹操势头很大，投奔了曹操。曹操当然也是高兴的，不敢说多了个朋友，至少少了个敌人，所以大手一挥收了。收归收，兵权依然是刘辟掌握着。转眼三四年过去了，刘辟、何仪没犯什么事儿，也没折腾出什么动静来，表面看挺乖的。但现在形势不一样了，袁绍大军来到了官渡前线，离许都、汝南咫尺之遥。刘辟的心思开始活络了，他想：袁曹之争，最后肯定是袁绍获胜。既然想到了这个结果，就应该提前巴结，现在跟了袁绍，是买入潜力股。等袁绍打赢了再跟他，那就掉价了，就没有意义了。

刘辟为了能提前吃到胜利果实，这年七月，给袁绍写了封信。信中说，只要袁绍有命令，叫他干啥他就干啥。既然刘辟如此识趣，袁绍立刻派人去汝南，协助刘辟开展工作。

袁绍派出的空降干部是刘备。刘备带上不多的兵马躲开了曹操主力，绕个圈跑到了汝南，一路走一路进行宣传工作。很多地方积极响应号召，纷纷改头换面，改换招牌，加入了袁绍阵营，弄得曹操很被动。袁绍感觉不错，许都以南明显都归附于他了。但也有刘备说不通的人。

“一个叫李通的不归顺？成，刘备搞不定，我另派人说通他。”于是袁绍另派人去做李通的思想工作。巧了，刘表也派人对李通做思想工作。

李通，字文达，江夏平春（今河南信阳）人，原本也是地方武装，为人义气，早些年在当地以游侠出名。他也是建安元年（196）归顺曹操的。不过相比刘辟，他对曹操可是忠心十足的，任谁来说都说不通。

袁绍的使者来了，刘表的使者来了，李通一概不理。手下人劝他要考虑一下自己的前程，跟着袁绍有肉吃。没想到李通被说得急了，一手按住宝剑，凶得像要杀人一样大声怒吼：“现在曹公方为天下真正的英雄，今后也只有他才能一统中原。袁绍不过是一个统率无方的草包而已，到头来必会成为曹公的俘虏。我是绝对不会怀有二心背叛曹公的！”他做事很绝，为了表现死也要跟着曹操的决心，当场把袁绍的使者砍死了，把脑袋送给曹操验收。曹操看到这颗人头，心里不那么紧张了。如果许都以南都成为袁绍的势力，这仗还有的打吗？李通不但没投降，还带着部队把辖区里其他武装摆平了，使江淮一带逐步稳定，免了曹操不少后顾之忧。

不过，李通在闹，刘备也没闲着，他在汝南、颍川之间的地下工作做得欢，弄得许都以南很多群众的情绪不稳定，曹操也很郁闷。这时，曹操的堂弟曹仁来觐见：“主公，现在我们和袁绍正处于关键时刻，肯定没空过问南边那些地区。刘备还不算是个硬骨头，他现在带的是袁绍的兵，情况还没有熟悉，做事肯定不顺手。而地方势力多少也是因为情势所迫，背叛在所难免，若此刻迅速出击，一定可以打败刘备。如果搞定了刘备，南面的形势也就稳定下来了。”曹操看曹仁信心十足，而且说得有板有眼，心里一阵明朗，当即分给曹仁一部分骑兵精锐，让他带兵到南方去平叛。

曹仁带上骑兵，出手不凡，没多久刘备就开始吃苦头了。刘备本身的技战术很差，官渡之前，他哪有正正经经打过胜仗呢？小赢是有的，大胜好像没有，多亏关羽、张飞铁了心帮他，他的形象还算能硬得起来。他这辈子最怕的恐怕就是曹操了。曹仁也不是脓包。当年黄巾起义的时候，曹仁可是自己拉起一支队伍来平叛的，军事素质不是吹的。加上在冷兵器时代，骑兵是步兵的天然克星，不管是机动性还是冲击力方面，步兵都扛不住。刘备刚一接触曹军的骑兵就败阵了。败了怎么办？逃呗，刘备跑起路来干脆得毫不拖泥带水。没过多久就跑回袁绍那儿汇报工作说：“不是我无能，是敌人太厉害了，假若我能率领一支与曹仁实力相当的军队，胜负就不得而知了。”

既然刘备一仗就败退了，曹仁也没客气，顺手就把许都以南的零星武装摆平了。刘备完了，那些人也支撑不下去，特别是游击队出身的刘辟更是不堪一击，没多久也败了。当叛徒的人，下场总是很难看的。

第四章

官渡之战才是实力 PK

刘备开始单干

汝南一带的刘备被打跑了，南方的孙策也死了。曹操总算松了一口气，他可以在官渡好好布置防线了。

袁绍还是不服气，看刘备顶不住曹仁，还专门派了韩荀绕道包抄曹仁，顺便偷袭许都。可惜韩荀水平不比刘备高多少，碰到曹仁一样被打败了。连吃两次苦头之后，袁绍明白了，绕到敌后、搅乱对方后院的做法不行，这个套路曹操已经看出来了。从那以后，袁绍再也没有偷袭许都的念头了。

从二月袁绍出兵到现在，已经约有半年，袁军和曹军各有胜败，当然表面上看袁绍输的相对多一点，可是袁绍家大业大输得起。曹操胜仗打的多一些，但也只能算是惨胜。这种互有来往、互有胜负的战事让决战双方陷入相持阶段。

这段时间，刘备一直在思考，自从投奔袁绍以来，混口饭吃是没什么问题，袁绍对他也挺好。但是刘备和曹操、袁绍都打过交道，对他们有深入的了解，一眼就看出袁绍和曹操的水平不一样。

所以，刘备一直在思考什么时候离开，他早就在酝酿离去的计划了。虽说这一路走来，刘备的表现很马虎且不入流，打一仗败一仗，但是他没有放弃远大的理想，想把事业做大做强。可是想做事业总得有启动资金，现在他手上的资本相当于零。败给曹仁以后，刘备觉得必须要离开了，现在是离开的最佳时机。因为他想到借口了。

刘备做好了计划，就去找袁绍，把胸脯拍得山响，说："袁公派我去南方，我找两个人帮您拿下官渡。"刘备这么有把握，找的是谁呢？他要找的一个是荆州牧刘表，一个是龚都。龚都跟刘辟一样是游击队首领。汝南郡的黄巾军被打散了以后，又在龚都的带领下打起了叛曹旗帜。

刘备建议最好和这两个人结成统一战线，前后夹击曹操，这将会对曹操形成最有力的打击。以前统一战线做得不怎么样，花工夫去和既没有立场又没有实力的人拉关系，投资全打了水漂，一点不值得。刘表不一样，刘表家大业大，实力雄厚，还和刘备是同宗，刘备去说服他是没问题的。

其实刘备这个建议和之前去拉拢刘辟差不多，只不过这次去拉拢的人物实力更强些。袁绍觉得有道理，要是刘备能联合刘表、龚都从南线进攻许都，形成夹击之势，那胜利还会远吗？想到这儿，袁绍之前连续两次败给曹仁后，淡下去的雄心又被点着了。

袁绍真没用脑子想一想，为什么同样的计划刘备在失败了以后又提出来？刘备是不是有私心？袁绍就是这样，对他有用的意见听不进去，专门坑他、危害他的意见却经常被采纳。他立刻下令让刘备带着人马去执行这个光荣而又艰巨的敌后任务了。

刘备大喜过望，立刻带上人马，再次赶往汝南，和当地土匪武装首领龚都取得了联系，宣布战略联合，签订协议，携手反曹。部队人马立刻上涨了几千人，曹操当然不能容忍了，派出叶县守将蔡阳围剿刘龚联军。在曹操心目中，这次和上次没什么不同，趁着对方军心民心还不稳定之时，很容易打得赢。

这可以说又是曹操的一个赌局，只不过这次的赌局他比较有把握，认定刘备不会为袁绍卖死命。可惜曹操永远读不懂刘备，刘备这回是为自己而战的。联合龚都和刘表是忽悠袁绍的借口，刘备其实是想在汝南发展自己的事业。做最完全的自己，是刘备坚持的人生信条，所以他下定决心非赢不可。曹操这次派出的蔡阳不是上次的曹仁，他领任务的时候又是立军令状，又是吹牛，胸脯拍得直响，可一到刘备这儿，完全是个菜鸟。刘备放话："我虽然在形势上不占优，可是像你这种水平的，是奈何不了我的。"听到这种话，蔡阳下令全军进攻，刘备是做好了充分准备的，反扑过去，蔡阳非但没能讨到便宜，反而被打个大败，命都丢了。

对于刘备来说，这是一次里程碑式的战斗。刘备开始了自己的单飞之路，以后终于不用依靠任何人了，手上有资本了。虽然仍然处于底子薄、起点低、处境很恶劣的阶段，但是他已经可以单干了。刘备这个机会抓得实在太准了，因为这时袁绍和曹操都没精力管他。

曹操时刻在算计，而袁绍处处被动挨打。表面上看袁绍老是被坑，实际上前期战斗虽然精彩，但规模都不大，胜利一方没有取得决定性胜利，失败一方也没输得一塌糊涂，就此一蹶不振。认真算起来，袁绍现在的兵力还是比曹操雄厚，综合实力依然很牛，唯一不足的是脑子比不上曹操。如果这时袁绍突然醒悟过来，调整战略战术，打赢曹操依然是有可能的，而且他的谋士也向他提出过正确的建议。

提出建议的依然是沮授。沮授之前连吃苦头，都是因为提了正确的建议，被袁绍嫌弃，但是他意志很坚定。他觉得，经过这几次的败仗，主公总该听一次自己的意见了。他说："主公，现在我方部队人数虽比曹贼庞大，可战斗力比人家弱，几次交手已经可以看得出来了，水平不在一个档次上面。但曹军战力虽然强悍，军用品却比咱们短缺，后勤跟不上。所以依在下研判，曹贼是最不愿意拖下去的，最想用短平快的方式来解决问题，愿意速战速决。我军背靠河北大片土地，补给源源不断，手中有粮，心中不慌，完全有资本和曹贼比耐心。如果来个持久战，做长期打算，跟他死扛下去，最后一定能耗死他。"

这个建议依然是很好的，是可以让袁绍取得最后胜利的。可是袁绍依然坚定地否决了。对沮授的话，他又出现了选择性失聪，不但不听，而且更加疏远讨厌沮授了。

这一年七月，袁绍集结主力推进到官渡以北的原武一带（今河南原阳县东南部），曹操面临的压力更大了。

高科技之战

建安五年（200）八月，袁绍采用前后结营步步推进的方法，主力逼近官渡，背靠沙堆安营扎寨，军营从东到西好几十里，军队总量比一个小县城的人口还多。曹操的兵马虽不多，但是面对袁绍咄咄逼人的架势，也只能分兵布置，针锋相对地安营扎寨。正如沮授所说，这种局势对曹操很不利。长期消耗下去，对于缺少粮草的曹操来说，绝对不是什么好事。于是曹操决定再赌一把，再搞一次速战速决。

这一年九月初一，发生了一个天文现象——日食。别说是在古代，现代有些迷信的人也会说，这不吉祥，必有坏事发生。当时日食被视为凶兆，下到普通老百姓，上至皇室高官都非常忌讳。世界各地都如此，战场上碰到日食，交战双方就会停下来不打，因为他们觉得这是激怒了上天。

公元前 585 年 5 月 28 日，在伊朗高原上，米底王国和吕底亚王国的士兵正在交战，突然眼前一黑，太阳不见了，交战双方都吓坏了，扔下手里的武器不愿意再打了，双方将领于是约好不再打，他们认为这是上天的怪罪。1030 年夏天，在北欧的挪威发生了一场斯蒂克尔斯塔战役，也是突然出现日全食，双方惊恐不已，都说不能再打了。但是挪威国王奥拉夫二世却要求手下士兵继续战斗，结果他在战斗中被打死。双方士兵都说，奥拉夫二世是受到了太阳的诅咒。

所以出现日食，对双方都是休战的好机会。曹操偏偏不信邪，觉得这又是赌一把的机会。这时曹操已经赌红眼了，用正常思维去看待赌徒是不合适的。曹操偏要反其道而行之，要在日食这天对袁绍发动总攻。日食到来，袁军肯定人心惶恐，疏于防备，他要趁机捞上一把，玩得好的话，可以一举把对方连营冲散。这样一来，官渡前线的压力就会大大减轻了。

可惜曹操躲不过诅咒，这次进攻失败了，白白消耗了原本就有限的兵力。曹操看赚不到什么便宜，便回营固守。这下曹操也明白了，虽然自己想吃快餐，但是也不能主动进攻了。前几回赌赢了是因为搞运动战，让袁绍先动，自己后发制人，以此消灭了敌人。现在袁绍大军一字排开，当然不能再冲锋了，双方进入了对峙阶段。

如果袁绍能把这次战斗和前几次战斗的情况进行全面对比，就能得出结论：只要稳扎稳打，不急不躁，按最古老的方式，对方进攻才打，而且只在主战场上较量，公开透明开战，曹操再厉害也会失败。

可是袁绍偏偏不这么做，看见曹操高挂免战牌，他觉得自己已经完全掌握了战场主动权。看到曹操躲在军营里，他觉得不能让曹操过得这么潇洒。他下令全军将士在军中大搞基础建设，在军营里堆起土山，在土山上建起了木高楼。之后命令全军射手爬到高楼顶上去，对曹营放箭，高声讽刺曹操和曹军士兵。这样一来，曹军士兵受不了了，想要回击，但袁军从高处放箭，占据地形优势。曹军士兵郁闷了，敌军就在眼前，射箭射不到，而且只要自己回击，对方就会乱射一通。

土山上的弓箭手不仅给曹军士兵带来了生理上的伤害，也带来不小的心理上的伤害，很多曹军士兵开始有了怯战情绪，军心开始动摇。对于曹操来说，此时此刻的环境太险恶了，撤又不能撤，打又打不过，手下的士兵开始畏战。这种情绪可不是一句两句鼓励就可以缓解的，必须从根源上彻底消除。曹操心里明白，不想个办法除掉土山上的木高楼，早晚有一天手下的士兵会被逼疯。那么曹操有解决的办法吗？

后人说到曹操的时候，会给他贴上一系列标签，比如军事家、政治家、诗人等等。其实除此之外，曹操还是个发明家。和袁绍交锋的过程中，他发明了一种大杀器，这种武器可以批量消除土山，把高楼砸倒，名曰霹雳车。说起来，这种武器的转型升级方案来自曹操手下的谋士刘晔。

刘晔，淮南人，一开始跟随的是袁术的旧将刘勋。后来刘勋被孙策打败，北上投了曹操，刘晔也跟着过来了。刘晔是三国时期曹魏集团难得的战略家。这次改造新武器，主要设计思路就来自他。

霹雳车名字听起来霸气，实际上就是抛石车，是抛石车的 2.0 改良升级版，用来攻打对方土山上的高楼。车上安装机关，扳动机关可以使十几斤重的石头投出去。大石飞出去的时候轰隆隆直响，再加上霹雳车本身发出的巨大声音，确实像天上打雷一样。在火药还没有诞生的年代，霹雳车比现在的火炮还震撼人心，一块块巨石发出去，效果非常显著，袁绍的高楼即使修得结实，也扛不住石头砸，没过多久就塌了。士兵不是被砸死，就是摔死，少数运气好的保住了性命，也被砸得头破血流，愁眉苦脸，笑不出来了。

袁绍看自己苦心搭建的高楼全被砸了个稀巴烂，心里边窝火，赶紧召集手下谋士另想方法。谋士们都说，明攻不如暗攻。袁绍挖地道的经验是很丰富的。之前他就是靠挖地道打败公孙瓒的，这回他想把曹操变成第二个公孙瓒，于是命令士兵趁夜挖地道，目标是曹操的军营，打算挖到曹操的中军帐去。

挖地道可是一件技术活，不能挖得太深，也不能挖得太浅，挖深了不好辨明方向，气都换不过来；挖浅了也不行，一来容易塌，二来容易被发现。不过袁绍挖地道的技术是挺赞的，一开始效果挺明显，进展非常迅速。可曹操不是公孙瓒，而且成千上万人在地底下直闹腾，尽管是在夜里，但双方离得近，想完全保密是不可能的。曹军哨兵很快就发现了。

曹操对于防御地道战还真有办法。他下令在自己军营前挖一条又长又深的壕沟，横在两军阵地中间。这条沟挖好了，马上组织精兵在深沟里做好准备，等袁绍士兵挖过来的时候，直接打倒。这个方法很有效，曹军士兵是很乐意长期这么玩下去的。可袁军士兵也不傻，当然不会继续上当了，都退回了军营，好好守着。这样曹军打不过去，袁军也攻不过来。正所谓各自守营，谁也摆不平。这场对峙战，从开始的建高楼到后来的霹雳车，再到地道战，技术含量真不低，可称得上是当时的高科技之战了。

粮草告急

曹操和袁绍两军对峙，其间进行了一些小规模战斗，虽说大多数时候是曹操占优，可是时间久了，曹操发现，先吃不住劲儿的不是袁绍，而是自己。袁绍不但部队多，而且粮草足。曹操手头就那么点兵力、粮食，对峙时间越久越不利。曹操不是推行屯田制吗，怎么会缺粮草？没错，粮草是有的，但是分配到了不同的地方，而且这些粮草要运到前线才能算军队的粮草；如果运不到前线，跟没有粮草也没区别，所以曹操在作战的同时还得督促后方将领运输粮草。

运输粮草是大事。那时候没有火车、汽车，运粮草得靠人力。费时费力不说，运粮的民夫也得吃饭，还得分一部分粮食供给民夫。这样一来，曹操的军粮常常断顿，时时无法连续供应。两军相持下去，对曹操十分不利。曹军这个状况已经不是秘密了，大家都看得出来，于是不管是前线还是后方都发生了动摇。

有人脑子比较活络，就开始想退路了，暗中与袁绍联系，一封一封密信通过各种途径从曹军阵营送到袁绍面前。有的向袁绍示好，有的在信里说，要先在曹操这边做卧底。不仅仅在官渡前线，在曹操的大本营也传来了坏消息。

近来为了对付袁绍，曹操大本营倾尽全力，收的赋税也很多。老百姓一年下来连饭都吃不饱，意见相当大，收税很难。很多人觉得曹操不地道，决定等袁绍过来集体投奔。

曹操听说这些消息之后心里很郁闷，觉得现在是天要亡他也。曹操甚至想，既然军粮运不上来，干脆放弃官渡，把大部队收缩回来，返回许都，来个诱敌深入。但曹操也不是傻子，他知道这么收缩，外围都没有了，如果打不赢，那就是釜底抽薪，会直接崩盘，战事的发展会失去控制。左考虑不妥，右考虑不行，无奈之下，他决定找个人问问意见。

于是曹操写了一封信给留守许都的荀彧。荀彧收到来信急了，别人撑不住没问题，曹操不能崩溃，他脑子里那根筋一松，整个局势就无法挽回了。于是荀彧立刻写了一封回信："绍悉众聚官渡，欲与公决胜败，公以至弱当至强。若不能制，必为所乘，是天下之大机也。且绍，布衣之雄耳，能聚人而不能用。以公之神武明哲而辅以大顺，何向而不济。今谷食虽少，未若楚汉在荥阳、成皋间也。是时刘、项莫肯先退者，以为先退则势屈也。公以十分居一之众，画地而守之，扼其喉而不能进，已半年矣。情见势竭，必将有变，此用奇之时，不可失也。"

一番话说得慷慨激昂，字字到位，荀彧的见识确实非常人能比。他的意思是说："现在袁绍的全部力量都集结在官渡，要和您决一死战，赌个胜负。没错，您现在确实处于绝对弱势，如果您不能取胜，将会被敌人彻底打垮。这是决定天下大势的关键时刻，不能轻言放弃。而且袁绍真有那么可怕吗？不过勉勉强强算个牛人罢了，比一般布衣百姓稍微强一点而已。他是有能力把很多人才团结在身边，但是他有能力用他们吗？没有，主公您英明神武、明哲慧眼，各项指标都远远超过他，为什么要怕他？况且，虽说现在粮食不多，但远远没有到最后时刻。这种时候是谁先退，谁先完。想想当年楚汉争霸，在荥阳和成皋对峙了那么久，刘邦和项羽没一个人想先退，因为先退的必然会失去大势。现在主公您的部队虽说只有袁绍的十分之一，却能死死地扼住袁绍前进的道路，使他动弹不得，相持半年之久。现在已经到了最后时刻。往往在这种时候，战局会发生重大变化。我们现在要做的不是退，而是要在变化中寻找机会，找到袁绍的致命软肋，然后一击致命，出奇制胜。所以主公现在绝对不能放弃，现在放弃就等于完蛋了。”

洋洋洒洒一封信，荀彧的观点其实就是两个字：坚持。曹操看到这封信确实精神一振，虽非立刻像打了鸡血一样，至少打退堂鼓的情绪收敛了。只不过他还是有点不放心。不管怎么说，荀彧在大后方，对前线具体情况的了解主要靠情报，未必有在前线的人的感受直观。于是曹操又找了一个聪明人来问计，这个人就是前不久投降过来的贾诩。

贾诩一辈子算无遗策，对于他的聪明，曹操也是相当欣赏的。贾诩一听老板打算撤退，认为这时候撤退就相当于逃跑，两强对阵，先逃跑的一方必输无疑。

于是贾诩给曹操总结了一个四胜论。他对曹操说：“主公的智慧胜于袁绍，勇武胜于袁绍，用人胜于袁绍，果断也胜于袁绍。有这四方面的优势，还怕什么呢？只要等到机会，一定能获胜的。”

贾诩的意思是说：“主公你难受，敌人也难受，坚持就是胜利。”曹操一听，贾诩的话简直就是荀彧那封信的翻版，两个高手是同样的意见。曹操不再犹豫了，彻底放弃了撤退的念头，专心防守。为了鼓舞士气，他还专门给手下灌输精神鸡汤。他把搞后勤运输的士兵聚集起来，挺胸昂头，语气铿锵地进行训话：“诸位将士，大家辛苦了，诸位放心，我只需半个月就可打败袁绍，到那时候就不用再烦劳你们了，你们就可以回家好好休息了。”

曹操这番话让士兵们表面上非常高兴，但他们内心里是有所怀疑的。当兵的也不都是蠢人。几年前在南阳征讨张绣的时候，曹操就玩过一招望梅止渴，这不就是望梅止渴的2.0升级版吗？[①]不过老板说的也不是没道理，退回去也只能退到死路上，守在这儿还可能有机会。既然这样，只能坚定信心，看看能不能出奇迹，有没有好戏。

好戏还真的来了，而且来得非常快。就在第二个月，关于粮草之战的戏就神奇上演了。这年的九月，袁军的一支运粮部队浩浩荡荡从后方开往官渡。有几千辆运粮车，数量多得让人眼红。如果这批粮草到了袁绍那儿，袁绍又有至少一个月不愁填不饱肚子了。如果能把这批粮草烧掉，袁绍不是也没粮草了吗？曹操心里痒了，想要搞定这支运粮队。可是运粮队伍哪有那么容易被搞定的。既然是粮草，必有重兵把守。必须找个智勇双全的人才能完成这项任务。找谁好呢？曹操陷入了思考。

乌巢屯粮

曹操想烧袁绍的粮草，正在想应该派谁去，荀攸来了。他已经掌握了这支运粮部队的底细。他对曹操说："主公，敌军运粮部队马上就要到了，这支队伍的领头大将叫韩猛，是有勇无谋之辈。如果我们派骑兵前去偷袭，必定可以搞定。"曹操也知道这点，于是问荀攸谁可完成这个任务。荀攸脱口而出：徐晃。

徐晃这个名字已经有一段时间没被提及了，好像来了曹营以后，他立的功并不多。千万不要小看那些看上去默默无闻的人，他们身上积聚的力量一旦爆发出来是常人无法想象的。徐晃和张辽类似，跟着以前的主公

① 据《含山县志》，望梅止渴发生在建安十九年（214）曹操征吴途中。

表现一般，跟了曹操以后，像换了个人似的。这一点可能曹操暂时还没看出来，但是荀攸早就看出来了。于是，他向曹操举荐徐晃拦截这批军粮。

曹操一向很尊敬荀攸，荀攸的计策往往能够出奇制胜。既然他说徐晃可以，那就徐晃吧。曹操让徐晃和史涣即刻点兵出发，在半路上攻打韩猛，烧掉他们的粮草。

韩猛确实是冲锋砍人有一套，但统率兵马一般。问题是，他觉得自己武力指数很高，特别骄傲。就像荀攸预料的那样，他根本没想到居然有人敢来劫粮草，名不见经传的徐晃竟然敢带一支小分队来打自己。韩猛被打得措手不及，没过多久就扛不住了，只能转身逃跑。看韩猛跑了，徐晃也不追，他的重点不是韩猛，而是粮草。于是他一声令下，士卒把袁绍这批军粮，包括一些军用物资，统统烧成了灰。

曹操懂得去劫袁绍的粮队，袁绍不会吗？袁绍也有劫曹操军粮的想法，而且动作比曹操还要早。他明白战斗气势靠士兵，士兵士气靠军粮，让曹军士兵饿着肚子上战场，曹操撑不了多久。所以之前袁绍也频频派出骚扰部队打算切断曹操粮道，可惜都失败了。曹操的运粮总指挥是任峻。任峻，字伯达，是曹操手下的典农中郎将，屯田制就是他推行的。任峻是负责粮草的总指挥，不管是种田还是运粮，都很有一套。这个人不是韩猛所能比的，他为人宽厚，思路缜密，绝非等闲之辈。每次运输粮草，任峻都让一定数量的运粮车组成一个运输单位，然后在每个单位旁边组织好一个单位的防卫部队，一对一紧紧跟随。这种保护是非常严密的。哪怕袁绍来偷袭的部队人数远远超出了防卫部队人数，也只能是一个单位一个单位地去打，哪怕真的有一个单位损失了，其他单位还可以顺利把粮运到前线，这就避免了一招失误全盘皆输的情况。这一点韩猛就没想到，他只是非常骄傲地守着整支粮队，没想过一旦自己失败整支粮队会即刻被消灭。所以袁绍的偷袭部队来到任峻的运粮部队旁边，在高处看一眼就走了。因为他们没有可乘之机。

袁绍很快接到了军粮被烧毁的报告，心里当然是很郁闷的。如果郁闷之后，他能够总结经验教训，再积极防范，完全可以避免下一次损失。别的不说，偷袭过这么多次曹操的粮队了，对任峻的做法能不能学一两招？可袁绍太过骄傲，他只会郁闷，不会总结。于是更大的损失来了，这个损失是官渡之战的转折点。

这一年的十月，袁绍又派了一个大型车队从后方运送粮草。这次他把护送粮草的任务交给了大名鼎鼎的淳于琼。淳于琼，字中简。这个人并非草包。当年十常侍之乱之前，有个大宦官蹇硕很得皇帝信任。当时皇帝设了西园八校尉，蹇硕是头领，手下率领的几个校尉就包括曹操、袁绍，以及淳于琼。曹操是典军校尉，淳于琼是右校尉。八校尉可以说是当时朝廷最猛的八个武官职位了。可见这个淳于琼还是有点本事的。这也可以理解袁绍把运粮这么重要的事情交给他去做了。只不过淳于琼做了一件傻事，导致了致命的失误。

这趟护送的粮草几乎是袁绍的老本了。上一次粮草被烧到现在已经有一段时间，如果这批粮草不能及时运到，士兵就会饿肚子，所以淳于琼也很重视这次运粮之事。

护送的军队有一万多人，是袁绍军队的十分之一，看上去十分保险，而且这支军队的行动完全是秘密的，没人知道路线是什么，目的地在哪里。当然，我们都知道，目的地就是袁绍大营以北四十里的乌巢（在今河南延津县境内）。袁绍觉得已经有多重保险，很安全，而且淳于琼是带兵的大将，自己对他一直很信任，这次护送粮草的军队也足够多。曹操用啥来偷袭？还能把所有人叫过去抢粮食，不用打仗了吗？退一万步来说，就算曹操发疯了，真要去抢粮食，怎么会知道我把粮食囤在哪儿了呢？知道我把粮食屯在乌巢的都是自己人，曹操怎么可能轻易得知？

沮授觉得有话不说是自己的失职，就说："鉴于前次粮草被曹操烧掉，此次运粮不容有失。淳于琼将军固然生猛，但多多少少还是有点骄傲的，可以增派人手，再派蒋奇将军带一支军马在运粮队外围巡防，以防曹操派兵偷袭。"

这番话太有道理了。从史实来看，如果蒋奇真的去了乌巢，曹操搞偷袭不可能成功。乌巢要是不丢，官渡之战会打成什么样还未可知。

沮授一条路走到黑，袁绍也杠到底，坚决不派兵支援。就这样，乌巢就由淳于琼一个人守着。官渡之战进行到这儿，尽管曹操屡屡得手，战场依然是胶着状态。不过改变战争状态的关键人物马上就要出场了。

屯粮于乌巢是袁军重中之重的秘密，一般人肯定无法轻易得知。曹操怎么知道屯粮的地点呢？这就要谢谢那位救了曹操的命、要了袁绍的命的许攸了。

许攸，字子远，年轻时和曹操的关系很不错。当年他曾经与人密谋，想废掉汉灵帝，把曹操拉来入伙。荀彧对许攸有个评价，叫贪而不智。这话的内涵比较丰富。许攸虽然有点聪明，但是太过贪财，而且为人十分狂傲。在官渡前线，袁绍和曹操相持不下的时候，许攸曾经向袁绍献计，希望袁绍派一支军队奇袭许都，劫持汉献帝。且不说这个计策袁绍曾经派刘备、韩洵试过了，单说许都城池坚固，还有荀彧留守，一时间能不能攻下来都是问题，所以这个计策遭到了袁绍的反对。袁绍还信心满满地对许攸说要先在官渡杀了曹操。

曹营的卧底带回情报说，袁绍的谋士许攸策划了一个分兵袭击许都的方案。曹操的头疼又加重了。目前自己军队数量少，都集中在官渡。大本营留下的兵力少得可怜，如果袁绍真听了这个计策，定能成功地拿下许都，以后不就可以奉天子讨伐他了吗？南北夹击，他直接就会死在官渡了！

这个几乎要了曹操命的谋士许攸，为什么要突然过来帮助曹操？

许攸来了

许攸曾经和冀州刺史王芬、沛国人周旌组成铁三角，企图废掉汉灵帝，搞政变。当时他们还曾拉曹操入伙，但曹操没答应。后来这场政变胎死腹中，许攸也沉寂了一段日子，到袁绍那里谋了个差事。

许攸还是有点墨水的，但他提的建议袁绍常常不听。现在袁曹在官渡对峙，他看破了曹操的软肋，于是给袁绍出主意。可惜袁绍不采纳。从袁绍的立场来看，这个主意没有太大用处，但不用也没太大毛病。如果一直这么发展下去，袁绍离彻底失败还有一段时间。可是接下来事情的发展就出乎所有人意料了，直接把袁绍送上绝路的竟然是审配。

许攸虽然有才，但是贪财。为了钱，他可以不要规矩。他自己不遵纪守法，家人自然也不是什么好人。他的家人现在在袁绍的大本营邺城，而留守邺城的正是审配。审配别的本事不算大，但铁面无私。如果在和平盛世，绝对是个清官。即便在战争年代，做法官也很合适。只可惜他生于乱世，又投错了阵营。他量起刑来，只看法律条文，不看谁的面子。

在邺城，许攸的家人横行霸道。以正直著称的审配一直都看不惯许攸的品行。现在许攸的家人狐假虎威，胡作非为。审配直接把主从犯都捉拿归案，移交司法机关，并且要求有关部门从严从重从快处理，不管他们的背景有多大，后台有多硬。而且审配还要沿着线索往下挖，想要挖出他们的后台。

许攸的家人一下子慌了，赶紧给官渡前线的许攸写信。许攸接到求救信就炸毛了，觉得坏大事了。

许攸也算有一点本事，但只能算是二流谋士，性格狂傲，心胸狭隘。审配捉了他的家人，他觉得这是挑明了和他宣战，一时愤怒难当，觉得跟这些人混下去也没什么意思。自己连出妙计，但是统统被否决，家人还被逮捕，看起来袁绍就是废物，审配就是疯子。

他想要借助别人的手把这俩仇人干掉，当然最好的选择就是曹操。他想：你们不听我的妙计，我就给别人献妙计。于是原本为袁绍打工的许攸带着恶毒的愿望收拾行李，从袁绍营中跑了出来，到对面找老朋友曹操了。当时曹军和袁军相隔距离相当近，袁军士兵即便看到了许攸也未拦阻，谁会想到自家老大手下的谋士居然会阵前叛逃。

从这一刻开始，官渡之战的结局已经决定了。许攸趁着月黑风高跑到了曹军大营。当时已是深夜，曹操已经卸下衣甲，脱掉鞋子，准备上床休息了。听说许攸来见自己，曹操灵光一闪，不知许攸缘何深夜来访？莫非天上真的掉馅饼？想到这里，他立刻从床上跳了下来，光着脚丫子向营门口跑了过去。

古时光脚迎客是对客人的一种尊敬，表达的是对来客迫不及待想要见面的尊敬之情。曹操一口气跑到营门口，看到许攸，拉住他的手大笑，

“子卿远来，吾事济矣。”意思是说：“你来了就好，我的大事成了。”许攸也愣了，他万万没想到曹操对自己这么热情。

许攸之前可是出了歹毒之计要害死曹操的。换成是别人，比如袁绍，听说这个心狠手黑的人落到自己手上，还不直接抡刀上去砍了解气？可曹操不是别人，曹操是天下英杰，心胸不是一般人能比的。他知道，杀掉许攸太容易了，但许攸身上的价值绝对不是出口气这么简单，出口气算什么？如果能打赢这一仗，他让许攸出气也不叫事儿。

许攸反应过来，其实心情也蛮激动的。抛开政治圈不说，毕竟曹操也见证了他的青春年华，是一起疯过、闹过、狂过的人。于是，双方手拉手来到曹操营中，一起坐下。

许攸是很傲气的，激动完了，就单刀直入了。他对曹操说：“现在对面的袁军强大得很，敢问曹公，你想如何对付他们？别的先暂且不说，就谈谈你现在还有多少军粮。”曹操看许攸问得一本正经，也很认真地回答说：“还有一年的存粮。”许攸说：“说实话，你的粮草能支撑多久？”曹操想不到老朋友还真的挺有水平的，一上来就捏准了他的软肋，于是尴尬地笑了笑，“刚才开玩笑的，实话告诉你，最多只有半年了。”许攸一听，心想你忽悠谁，还在死要面子是吧？于是脸一板，很严肃地说：“曹公不是想打败袁绍吗？为何不说实话？”曹操也没想得罪这位老朋友，于是笑得很尴尬。许攸就说：“看起来你对自己的情况也不太了解，但我很了解。以我掌握的情况，你的粮草已经吃光了。你现在已经到了最危险的时刻。孤军坚守，内无粮草外无援军，此危机之时也。作为老朋友，我也不是白来的，我有一份机密情报可以和你分享。袁绍有一万多辆装粮草的车队停放在乌巢，虽然有部队保卫，但防守很松懈。若此时曹公派兵以最快的速度狂奔到那里再烧一次粮草，不出三日，袁绍必定崩溃。此计不知曹公以为如何？”

曹操一听这个主意，激动得浑身发抖。可以说，这是现在最好的计策了，能让他咸鱼翻身，以弱胜强。曹操最后有没有听取许攸的计策奇袭乌巢呢？当然有了，不过不是人人都认为这是好主意，在决定下达前，曹营里也有一番争论。

火烧乌巢

如果没有许攸献计，曹操应该不会想到这条计策。毕竟一个月前他才把袁绍的粮草烧了，袁绍又不傻，不加强防备才怪。

不过，听许攸这么一说，曹操仍然感到大喜过望，立刻召集谋士、将军来商量。没想到，大家都说不行，认为许攸是间谍，是袁绍派过来带曹操往坑里跳的，他提供的是假情报。如果他们去了乌巢，袁绍绕个圈来抄他们后路，死都不知道怎么死的，许攸的话不但不能信，还得把他直接拉出去砍头。

这下，曹操犹豫了。大家说的也不无道理，怎么验证这情报是真是假呢？就在历史性机遇即将溜走的时候，两个人不约而同地站出来挺曹操，就是荀攸和贾诩。这两个高级谋士向曹操进言，希望采纳许攸的意见，他们认为这条情报是靠谱的，这个机遇是可遇不可求的。

本来曹操对许攸是有怀疑的，但一看荀攸和贾诩都说机不可失，时不再来。曹操终于下定决心信许攸一回，再赌一把，用奇兵出击，逆转战局。

这确实是生死之赌，如果许攸真是骗子，曹操会直接死在乌巢。凭着对许攸的了解，曹操决定赌一把，毕竟守在这里最后不是战败就是饿死，还不如索性拼一把。人这一辈子在关键时刻不是每次都有机会主动选择的。曹操确实不想赌，但是此时此刻他除了赌别无选择。

既然已经下定决心要赌一把了，就要马上行动。这天夜里，曹操留下曹洪和荀攸，一文一武，共同守卫大营。但曹操给他们留下的兵实在太少了。

曹操几乎动用了所有老本，亲率精兵五千人直奔乌巢。这些人全换上袁军衣服，扛着袁军旗帜。而且每个士兵随身携带一捆干柴，嘴里含一根小木棍，马嘴用绳子缠结实，悄无声息地在袁军防区空隙前行。众人非常小心，因为一不小心就会把命给丢了。

当然袁军也不会真的开个口子让他们过去，所有防区的连接部都设下了重重关卡，很快曹操就碰上了。袁军守卫看一队人马趁着夜色过来了，立刻剑拔弩张，高声喝问："前方何人？我等未接到调动部队的军令，你们是不是曹操的人？"曹军士兵不禁有点慌了，但曹操很淡定，立刻吩咐手下偏将策马向前大声回应说："主公害怕曹贼从侧面袭击我军粮草，特意派我等前去乌巢加固防守。"

夜色之下，士兵看不到答话人不安的神情，更看不到其他曹军士兵嘴里含着木棍，身上都扛着木柴。他们觉得调动机动部队进行巡逻也是正常的，于是挥挥手就把这队人马放了过去。

很快，他们来到了乌巢。到了以后发现守军防卫的确很松懈。于是曹操的骑袭部队很快就混进了乌巢，一声呼哨，众人齐齐点火。运粮车都是木头做的，没过多久，乌巢就变成了茫茫火海。

这时候淳于琼的哨兵反应过来了，但是曹军势头太猛，他们只能一溜烟先跑到中军大帐向淳于琼报警。这时，淳于琼还在睡梦中。

淳于琼资历是很深，但水平马马虎虎，上次他跟颜良去攻打白马，最后颜良被杀，他只身逃回。袁绍把保护粮草的光荣任务交给了他，可是他的防备意识却差得要命，只知好吃懒做。

淳于琼中军帐外火光和人影相互交叠，杀声与脚步声和鸣。淳于琼做梦都没想到曹军会从天而降。等他被惊醒，穿好衣甲，拿好武器走出中军帐，乌巢的粮草已燃烧起来。很多袁军士兵刚从梦中醒来，就被四处蔓延的大火和曹军士兵团团包围了。淳于琼毕竟是老江湖，起码的军事素质还是有的。这种混战的局面他也不是没见过，一下就清醒过来了。他赶紧安抚军心，下令整顿各营出兵迎战。等士兵聚拢得差不多了，淳于琼认真看了一下形势，发现现场虽然很乱，但曹军好像数量不怎么多，于是命令部队摆开阵势和曹军打一仗。粮草烧完了没关系，如果稳定了军心，打败了曹贼，抓住了曹操也不错。

这个想法当然是好的，可是打仗是要讲士气的。一来，突如其来的大火给袁军士兵造成了心理上的恐慌。二来，曹操部队虽然人数少，但气势却比袁军强。经过大半夜的慌乱，袁军的战斗意志基本没有了，哪里还能拼命开打！淳于琼发现自己根本招架不住，对方的凶猛程度远远超乎他的想象。曹军这一仗要不打赢连回头路都没有，退缩必死无疑，所以气势如虹。淳于琼也明白，两军对阵气势不如人，不能死拼，于是命令部队退守营中，派出快马向大本营求援，乌巢距离袁绍在官渡前线的大本营只有四十里，骑快马大半个时辰也就到了。

火烧乌巢的消息很快传到了袁绍耳朵里。出乎所有人意料，袁绍在经历了短暂的慌乱后变得一点都不在乎了。他第一时间找来了儿子袁谭，对他说：“现在曹操去乌巢打淳于琼。就算他能拿下淳于琼，咱也不是吃闲饭的，我们可以反过来趁机拿下他的大本营。只要取了他的老巢，他就无家可归了。”

袁绍这份乐观倒也不是盲目的，他有自己的想法和根据。曹操去打淳于琼，肯定是带主力部队过去的，现在留守总部的是跑不动的、非战斗人员和后勤工作人员，打败这些人总比打败曹操容易得多。曹操连老窝都没了还能跑到哪儿去？就算跑回许都，袁绍也可以追上去。

这个想法好像不错，但实际上缺少了对自己和曹操的全面认识。在关键时刻，袁绍是怎么作为的，曹操又是怎么作为的，经过前几次交锋，还不明显吗？再好的计划也得看针对谁，由谁来执行。袁绍就糊涂在这一点上了。但是，老板糊涂不等于下属都蠢，有人出来提反对意见了。这个人就是后来闪闪发光的名将张郃。张郃为什么要提反对意见呢？难道他有更好的主意？没错，他确实有更好的想法。

乌巢险胜

曹操火烧乌巢的消息传到袁绍大本营后，袁绍军中对于救不救乌巢出现了两种完全不同的声音。表示不救的是袁绍和郭图，他们认为此时曹操大本营必定空虚，如果派兵进攻必能攻破。听上去这是相当不错的计策。所以袁绍把手下两员大将高览、张郃叫了过来。交给他们这个光荣而又艰巨的任务，让他们去把曹操的老巢给端了。

张郃一听就愣了，他原以为老板把自己叫过来是要去救乌巢的，老板的安排完全出乎他的意料。当时张郃在袁绍阵中与淳于琼齐名，虽不如后者那么大名鼎鼎，但至少说明他的阅历非常丰富。他也是久经战阵，踩着死人堆晋升上来的。这种从基层提拔上来的将领不是纸上谈兵的角色，对于行军布阵有着天生的敏感，所以他从实际出发向袁绍提出了建议。他的观点有两点：第一，曹操善于用兵，虽率兵出征，但军中仍会有留守，一时之间难以攻克。第二，乌巢乃是我军军粮所在，也是命脉所在，现在最为重要的不是去打曹操老巢，而是去救乌巢。

张郃说得十分在理。事实证明，张郃的建议实在太有价值了。袁绍对张郃一直是比较尊敬的，对他的建议也是听得进去的。张郃这么一说，他有点犹豫了。错就错在郭图又跳出来了。

郭图作为袁氏集团的高管，可以说是袁绍一直以来最为看重的智囊之一，只可惜他的为人没有对得起这份信任，辜负了袁绍的厚望，不但没有给袁绍提过好建议，反而像曹操的潜伏人员一样，每当袁绍准备采纳好的建议或执行正确决策的时候，他肯定跳出来生生把大好方案给搅黄。这次也不例外。他说："还是主公的决策最为正确，我支持主公的决定。"张郃还在坚持："曹操带着精锐部队去打淳于琼，淳于琼肯定会败，而曹操的营垒也不是一下就能打下来的。我们去打，如果时间拖延下去，淳于琼失败了，我们首尾不能相顾，必吃大亏。"

袁绍也觉得张郃的话确实有道理，但是袁绍从来就是一个自负的人，自己说出的话不会轻易收回来，况且郭图不也力挺他吗？张郃的建议只有张郃自己在坚持，按照少数服从多数的原则，还是不救乌巢了。其实不是坚持正确意见的人少，而是坚持正确意见而又出来说话的人少。沮授提正确意见得到什么好果子吃了？大家不都看在眼里吗？

但是打曹操大本营这事执行起来还是需要张郃，也不好让张郃下不来台，于是袁绍采取了一个折中的办法，派一部分人去支援淳于琼，另外一部分人去攻打曹操总部。听上去这个方案好像不错，但其实只是场面话，是忽悠张郃的。因为袁绍派去支援淳于琼的只是一支小分队，与曹操的精锐相差十万八千里。

另外，袁绍挑了大量精兵交由张郃、高览统领，下了死命令，一定要在曹操从乌巢回军之前，把他的大本营打下来。计划是很好，但现实是很残酷的。袁绍这种面面俱到却没有重点的做法，导致了后来的全面失败。

张郃接到命令很无奈，但既然主公下了死命令也没办法了。张郃和高览只能率领大部队向曹操大本营方向杀过去。

袁绍在分兵救援的时候，曹操正和淳于琼死磕，曹军虽然攻打得非常凶猛，却没能拿下乌巢。淳于琼能够和张郃齐名，军事素质也不是吹的，对付起来并不容易。因此，乌巢战事处于焦灼状态。如果这时候到达乌巢的援军是主力部队，曹操就是有天大的本事也难逃走。曹操带来的这支部队非常精锐，可是经过大半夜的狂奔、战斗，现在已经是强弩之末。如果对方主力与淳于琼内外夹击，曹操能顶得住吗？

只可惜袁绍没有听张郃的话，只派了一点轻兵部队支援。但就是这点轻兵部队曹军士兵看到了也吓得够呛，纷纷向曹操报告："主公，我军后方发现敌人援军越来越近了，赶紧分兵去抵挡。"听到这话曹操大怒，当场呵斥他们，其实曹操心里也急，他知道成败在此一举，敌人的援军到底有多少，自己是不清楚的。这时再分兵去抵挡，恐怕是以卵击石，唯一的生路就在前面。只要把淳于琼攻破了，就有回旋余地了。于是曹操大声喝道："待敌军到达我背后了再告诉我。"接下来曹操身先士卒，催促兵马猛攻淳于琼。

曹操这种向死而生的气势，一下子感染了全军将士，激起了所有人的斗志。曹军士兵也知道如果败了，不光自己要死，家人也得死，曹操整个大业就彻底完了。在巨大的压力下，曹军爆发了惊人的斗志。

淳于琼的士兵的斗志原来就不行，现在看见和自己拼命的人抱着一起死的架势，心里先怕了三分，远远看见似乎有援军，但是他们等不到了，撑不住了。很快第一条战线崩溃了，第二条战线也站不住脚了，所有人开始往后挪，想为自己留一口气，逃得一命。淳于琼的军阵开始溃败，而曹军愈战愈勇，拼死猛打，终于扯断了淳于琼守军的最后一根筋。淳于琼的士兵就像突然断了线的风筝一样全盘崩散，没有阵势，也没有队形，乱成了一盘散沙。不管淳于琼怎么喝令，大势已去。

殊死力战的曹军终于在敌人援军来到之前攻破了淳于琼大营，斩杀了眭元进、韩莒子、吕威璜、赵叡等大将，俘虏了一千多人。曹军气也不喘一口，直接转过身来迎战袁绍的援军。

曹操还做了一件狠事，他并不清楚袁绍的援军到底有多少，战斗力有多强，所以下令把俘虏的鼻子割下来，把缴获的马的唇舌也割下来。曹操这不是发泄情绪，而是命人把割下来的鼻子、唇舌统统扔到援军面前。曹操这么做是要吓唬敌军，没想到袁绍的援军还真吃这一套，于是"袁军士兵皆惧"，大家心都慌了，惊恐万分，后排士兵扭头就跑。

曹操几乎没有战斗，就把这支部队搞定了。这下曹操松了一口气，觉得是时候处理淳于琼了。关于淳于琼的下场有不同的说法：一种说法是淳于琼在曹操破阵的时候被乱军斩杀了。另外一种说法来自《三国演义》，说淳于琼宿醉未醒，被曹操轻易攻破，羞辱一番以后放了回去。袁绍大怒，直接把这倒霉蛋给斩了。这种说法是最不靠谱的。事实上，淳于琼是被曹操斩杀的。一开始曹操还没想起这事儿，手下士兵割鼻子的时候把淳于琼的也给割了，后来淳于琼被带到曹操面前的时候，已经满脸是血。

曹操看了大吃一惊，于是就问："何为如是？"意思是你怎么闹到这个地步了。淳于琼还是很有骨气的，昂起头说："胜负自天，何用为问乎？"就是说胜负自有天意，你问什么问。曹操想，战场上各为其主，打起仗来不好说，现在胜负已定，毕竟这个人见证了自己的青春年华，放他一条生路吧，反正这个人也废了。

就和当初白门楼绞杀吕布一样，曹操原本是想放过吕布，后来刘备冷言冷语说了句话把吕布给坑死了。淳于琼也倒霉，他也有个老友，这个老友已经投了曹操，就是许攸。许攸也在旁边看热闹，看着淳于琼，冷冷地说："明天他照镜子，想来一定不会忘了是谁割了他的鼻子。"曹操打了个哆嗦，觉得还是宰了比较省心。于是淳于琼的脑袋就和鼻子会合了。随后曹操下令，把乌巢剩下的粮草烧毁。

经过一晚惊心动魄的缠斗，曹操这次生死之赌算是赢了一半，可距最后的胜利还很远，在乌巢只是烧了袁绍的粮草，淳于琼的士兵也只是被击溃了。袁绍整体实力还在，主力并没有被摧毁。如果想全面赢得胜利，曹军必须咬紧牙关，尽快打垮袁军，否则在袁军饿死之前，他们还会反扑。更要命的是张郃、高览正在攻打曹操的老巢，大本营一旦被端，乌巢之胜也会化为乌有。

官渡之战

虽说乌巢被烧、淳于琼被杀，但袁军的主力还在，如果不慌不乱，从容淡定看清局势，顶多也就损失万把人和烧掉了粮草而已。这都不是致命的，至少不会造成崩盘。但是失败的根源往往都是来自内部，内部先崩溃，敌人才有机会。

张郃运气不好，曹军军营坚固，曹洪、荀攸配合得当，他们打了整整一晚上。张郃、高览拼死奋战始终没有进展，没能攻入曹营。天亮了，越往后越对袁绍不利。如果曹操攻打乌巢的主力及时赶回军营，一切就无法挽回了。

久攻曹营不下的消息和乌巢被烧的消息几乎同时传回袁绍指挥部，郭图第一时间获知了消息。出现这种失败的局面的主要原因是他出了一个馊主意。这可能会导致袁军全面崩盘，这个责任，袁绍要是追究起来，可以直接要了他的命。

郭图自从进入袁氏集团领取高管工资以来，除了搞内斗很杰出外，贡献的破坏性建议也很多，就是没有一个对袁绍真正有用的计谋。如果说以往是因为水平问题，智商不高，才出现了错误，至少出发点是好的。但现在出现了这种失误，郭图不但没有好好反省，赶紧向领导汇报真实情况，想方设法挽回败局，反过来，他不愿意承担这个责任，绞尽脑汁推卸责任，想找一个错误比自己更大的人来冲淡责任。思来想去，郭图找到了替罪羊——张郃、高览。

袁绍知道乌巢被烧的消息后，脑子乱了，完全不知道下一步该怎么走。此时此刻，他太需要一个清醒的人给自己出出主意了。这时，偏偏郭图跑了过来。袁绍眼前一亮，像看到了救命稻草，满脸渴望地想听听郭图怎么说。郭图说："主公，我收到消息说前线的张郃听说乌巢被烧，正在幸灾乐祸，扬言说不听他的话就是这种严重后果。"如果袁绍稍微正常点，就知道郭图是在瞎说。张郃正在前线和曹军守卫部队死磕，而郭图在大营里睡大觉，就算张郃心有不满，说了闲言闲语，郭图又是怎么知道的？偏偏袁绍就信了郭图的话。袁绍最大的毛病就是死要面子，打了败仗他可以忍，但如果有人敢嘲笑他，那他就要玩命。

袁绍又向失败跨了决定性的一步。如果说乌巢被烧只是这场大败的引子，那么接下来这一步，张郃、高览的举动就是决定性的。

虽然前线的张郃正在和曹洪玩命，但也听说了郭图在袁绍面前诬陷自己的消息。这个消息让他心头一凉，自己跟了袁绍这么多年，比谁都要明白袁绍的为人。袁绍对郭图的话从来都深信不疑，现在大败，他肯定更相信郭图的话。估计不到半天就会召自己回营或处分自己了。张郃虽然是一介武夫，但还不至于愚忠到死，特别是对这种不靠谱的主公。当然不能一边打仗，一边等着主公把自己往死里整了。他去找高览，高览显然也考虑过这个问题了，一脸期待地问："将军，咱怎么办？您一句话，我跟着您。"张郃说："现在还能怎么办？主公不信任咱们，咱们只能阵前倒戈。既然小人把咱们当成敌人，就别怪咱们先下手为强了。无路可走了，咱就拐弯，投降曹操去。"高览看着张郃坚定的眼神，点了点头。

主意打定，张郃、高览立刻命令前线部队停止进攻，把所有攻坚器械推到最前方。曹军士兵愣了，刚刚还打得你死我活的，怎么突然不打了？就在曹军士兵心里七上八下的时候，只见袁军士兵点起火来把攻坚器械点着了。大火一下子在曹军营前蔓延开去。袁军士兵纷纷脱下衣甲，丢掉兵器，向曹营方向大喊投降。

曹洪带着士兵们拼了老命抵挡了整整一夜，才算勉勉强强挡住了张郃、高览的进攻。天放亮后，城外的敌人突然高举投降的旗帜，曹洪不敢相信。他想：城外敌军人数众多，战斗力很强，分明是精兵，虽说还没攻进营来，但局面上是占了上风的，怎么突然投降了？别是耍诈，玩什么阴谋诡计，假说投降，到时我军措手不及，必当受累。于是曹洪下令不接受张郃、高览的投降。幸好曹操有先见之明，给曹洪留下了超级大脑荀攸。

有荀攸出主意，曹洪才没犯致命的错误。荀攸看曹洪不愿意接受张郃、高览的投降，立刻站出来说："将军，张郃那边必定是有了内乱，和他主公闹了不可调和的矛盾才投降的。否则他局面占优，完全没有必要诈降。将军，请勿怀疑，这是一个天大的好机会。"

听荀攸这么说，曹洪当然信了。咱也赌一把，打开营门受降。于是袁绍精挑细选出来的主力，一转眼工夫，投降了曹操，变成曹操的人了。

乌巢被烧，张郃投降，消息传回，袁军全面崩溃。上到将领，下到士兵，心理上都遭受了重大打击。袁氏的末日近在眼前，他们哪还有心思去玩命地战斗当炮灰。袁绍大本营一片大乱，各营各寨军队开始散乱。别说曹操来攻了，士兵都有哗变的危险。袁绍悲怒交加，昨天还有千军万马，今天却无人可用，士兵离德离心，没等敌人来攻，败局就定了。袁绍知道，张郃、高览一旦投降，自己再在官渡待下去就跟等死没区别了。于是赶紧派人把儿子袁谭叫来一起逃走。袁绍来的时候很从容，军容整齐，容光焕发。现在要逃命了，只能戴着一顶头巾，穿着贴身的衣服，带领八百骑兵渡过黄河向着冀州方向狂奔。

曹操确实派出了骑兵一通猛追，不过仍然没追上。袁绍向来行动迟疑不决，这次跑路却快得像阵风。不过曹操已经很高兴了，甚至觉得幸福来得太突然了，一夜之间从劣势变成了全盘获胜，把当今天下力量最雄厚的牛人袁绍打得狼狈而逃。这是之前他不敢想的。

这一路走来经历了多少困难？如果袁绍的脑子稍微灵光一点，曹操早死了。就在昨天，曹操还被袁绍逼得差点发疯，承受着前所未有的压力。万幸，袁绍的失误实在太多了，往往是这个失误还没有结束，另外一个失误又登场了，这才造就了曹操最后的胜利。即便是获得了全面胜利，曹操还是心慌得很，十分后怕，一看到袁绍的士兵心里就堵。最后，曹操下了个不人道的命令：把袁绍的士兵统统集中起来，“尽坑之”。这次曹操坑杀的袁军数量超过七万人，这狠劲和长平之战白起坑杀赵卒、巨鹿之战项羽坑杀秦兵一样让人毛骨悚然。

曹操这几年经常有失控的表现，无缘无故突然发飙，不是屠城就是杀降，每次规模都相当庞大，场面非常惊人。后世有人称曹操为三国第一屠刀。

黄河岸边，滔滔河水依然向前奔流，那些长眠在沙滩上的征夫再也无法回家了。乌鸦们飞来飞去，看到有了新的食物，兴奋地叫着，却不知道这些遗体下面的土地已经换了主人。信心满满的袁绍，有生力量被摧毁，从此一蹶不振。怪就怪他间歇性踌躇满志，持续性混吃等死，而原本处于弱势只能靠赌的曹操，一步一步赌赢了。

官渡之战以后，曹操拥有了超过袁绍的优势力量，从此成为天下无敌的霸主。曹操是个英雄，也是个赌徒，是个英雄式的赌徒。他眼前的机会并不多，但每次稍纵即逝的机会他都抓住了，而且将其发挥到了极致。

官渡之战，对曹操、对袁绍、对全天下，都是一个重要的转折点，从此东汉进入了一个全新的阶段。

战后的曹操

官渡之战是三国时期三大战役中的第一场。这场战役过后，北方已经没有势力能和曹操抗衡了。官渡之战为日后曹操统一北方奠定了基础。

对于这么重要的战役，后世有很多人反反复复研究。最重要的研究点就是曹操一直处于劣势，被袁绍压着打，当时天下人包括曹操都认为，曹操取胜的可能性几乎为零，没想到一夜之间，局势来了个180度转弯，曹操居然赢了，原因何在？

其实不过三点：第一，曹操善于用人；第二，曹操善于用兵；第三，曹操运气确实好。假如许攸不赌气来投曹操，曹操恐怕根本就不会想到偷袭乌巢。假如袁绍不是有郭图拼命出馊主意，张郃、高览也未必会投降。如果乌巢不被烧，张郃不投降，曹操想打败袁绍，简直是天方夜谭。

反过来说，袁绍有致命的缺点。第一，刚愎自用。一开始不听田丰的建议，后来不听沮授的计策。如果听了田丰的建议，韬光养晦，静待时机，那么官渡之战就没那么快开打。如果听了沮授的话呢，至少颜良、文丑不会死得那么快。这两个人比张郃、高览还要厉害，他们要是不死，恐怕曹操想扭转战局也没那么容易。第二，袁绍治不了手下。他手底下个个都是人才，但小圈子太多。逢纪、田丰、审配、许攸、郭图、沮授，哪个不是人才？可是逢纪和田丰关系不好，审配和许攸的关系又很糟糕，郭图和沮授的关系更不用说了。这些人单独拿出来个个都是人才，摆在袁绍阵营里，却人人为己。表面上看，他们都是为袁绍服务的；可是从实际效果上看，几乎个个都是曹操的“卧底”，为袁绍做不了什么事，却为曹操贡献了不少好机会。

相比之下，袁绍每个弱点都是曹操的优点，曹操的每个优点都能置袁绍于死地。官渡之战看上去曹操赢得很侥幸，实际上结局在一开始的时候就已经注定了。一夜之间袁绍大败，他穿着睡衣带着儿子逃跑。经常向袁绍提出正确建议，但从来不被采纳的沮授逃跑的速度远远比不上其他人，甚至连郭图都比不上。曹操的士兵一看就知道这不是普通士兵，于是一拥而上，把他给抓了回来。

沮授还是很聪明的，在被抓的时候，他担心袁绍会秋后算账。毕竟自己家人还留在袁绍的大本营，如果袁绍拿自己家属问罪，可就糟糕了，所以曹军士兵捆住他的时候，他拼命乱蹬乱叫：“我是被俘虏的，我没投降！”这话不是喊给曹军士兵听的，是希望溃逃的袁军士兵能传到袁绍那儿。

曹操过去和沮授是认识的，算得上是朋友，也有老交情。听到中军帐外一片喧闹，声音很像沮授，他赶紧迎出去看。曹操明白，沮授水平很高，也知道沮授给袁绍贡献过不少好主意，只是都被袁绍否决了，自己才取得了胜利。曹操心里还是很佩服沮授的，觉得他应该为自己效力，所以看到沮授被俘后，又把忽悠许攸的那一套拿出来，亲自跑过去给沮授松绑，还有意当着大家的面说：“原来是老朋友来了，这些年咱们在不同的朋友圈里，长期没联系，哪知道今日在此一见，你却被我抓住了。”

沮授觉得曹操话中有话，一来是想劝他，二来也是打算给他个下马威。沮授是何等刚烈的人，他说："袁本初不听吾之良策，才造成今日之惨败，在下才能不能施展，活该得此下场被你擒住。"曹操心想，袁绍不用你，我用你。于是回应说："袁绍没头脑不懂得运用人才。如今天下未定，你可以和我共谋大业，共同奔向美好的未来。"曹操是很爱才的，当众说这话，已经给足了沮授面子，台阶已经铺好。没想到沮授不同意，他说："叔父和弟弟现在掌握在袁绍手中，我要是跟你一起干，恐怕袁绍会把他们杀了。承蒙曹公能看中在下，只希望你赶紧杀了我，这才是我的福气。"曹操叹了一口气，说："若是早点得到你，天下何愁不定？"当下也不强求，等着沮授回心转意的一天，于是让人请沮授下去好生相待。待遇是不错，不过是不能回冀州了。可惜曹操这片诚意没有打动沮授，虽然沮授留下来了，可身在曹营心在袁，不久又找机会逃跑。这回曹操没耐心了，下令把沮授拉下去砍了。

与沮授相比，另外一个人的运气就好得多了，就是主动投降的张郃。正因为有了张郃、高览的投降，曹操才能咸鱼翻身，所以对他俩，特别是张郃，曹操是很欣赏的，便任命张郃为偏将军，同时封为都亭侯。

仗打完了就该收拾残局了。曹操来到袁绍大营里，看到整理出来的许多物品。这些战利品里有袁绍的个人物品、金银细软、书籍文件什么的。对这些，曹操是不太感兴趣的，这种东西他多的是。他重点是想看看书信。从这些书信中很容易判断出老对手心里在想什么，为什么能平定河北，又为什么会输在自己手上。书信中的一部分是袁绍带来的典籍，都是预备建设新政权用的。袁绍是想进入许都后构建一个新政府，政府运作得靠这些书。一部分是信。信件当然是袁绍和各方势力沟通用的，很明确地表现了袁绍从组织官渡之战到相持阶段，以及即将失败前的一些处理政务的风格，对于这些曹操是很有兴趣的，可看了几封以后，曹操的脸就黑了。

这些信件中有相当一部分是在双方对峙的时候，曹营的人从许都，甚至是前线军营里写给袁绍的效忠信。信件的内容是说，曹操以弱对强、以小抗大与鸡蛋碰石头没有区别，曹操迟早会被袁绍正义的力量毁灭，等袁绍大军进入许都，他们就打开大门迎接正义。

事情就是那么折磨人，一大清早刚刚打了胜仗，曹操本来心情好好的，但看到这些东西太让人不愉快了。部下一看曹操的脸色就知道了这些信里肯定没好话，老板的脸色这么难看，他们也该表态了。

有人主张把这些信好好整理一下，把名单列出来秋后算账，按人头抓出来，审判后全家抄斩。曹操没有立刻表态，他放眼看过去，书信堆得像小山似的。认真算起来，估计许都一大半官员都得被杀头了。而且不仅是许都，自己军营中也有人写过信。曹操沉默了很久，现场气氛凝固了。最后，曹操让人把信烧了。把信烧了，罪证就没了。曹操很从容淡定地说："袁绍极盛之时，连我自己都要崩溃，感到难以自保了，更何况是众人？"此言一出，现场气氛顿时活络起来了，很多人的恐惧变成了羞愧，然后是钦佩。曹操这么做，不仅挽救了很多人的生命，而且令很多人从此死心塌地地跟随着他。

曹操这一招极为巧妙，其中的妙处值得后人反反复复细细品味。曹操的胜利不仅仅是在战局上，更是在意志上的全面大捷。

战后的袁绍

袁绍被打败以后，带着儿子和亲兵一路狂奔，逃到了黎阳才停下来。当地驻军将领蒋义渠是袁绍的死忠部下。到了这儿，袁绍才感觉人身安全有了保障。他走进营寨，拉着蒋义渠的手说："我算把性命交付给你了。"

蒋义渠立刻把指挥部让了出来，把大帐变成袁绍的办公室。那些被打散的士兵听说袁绍在黎阳，又慢慢聚拢过来了。如果曹操不在官渡之战后坑杀降卒，他们也不至于回来，但最起码投靠旧主，还能混碗饭吃，不至于丢了命。

袁绍站稳脚跟后，该处理田丰的事了。

曹操对袁绍的情况是很熟悉的，也知道田丰不是一般人，智商很高。后来听说田丰被关起来了，没有跟着袁绍去前线，曹操高兴得很，高呼一句："绍必败矣。"

果然，袁绍大败，曹操更高兴了，说："如若袁本初听从田丰的话，现如今谁胜谁败，还真说不清。"从曹操的这些话来看，田丰确实很有水平。问题是再有水平，没找到好老板也没有用。

袁绍官渡大败的消息很快传回了冀州，也传到了邺城阴森幽闭的监狱里。隔着牢门，狱卒向田丰道喜："恭喜田先生，这下您必然得到重用。您说准了，我们打了败仗，等老大回来必然提拔您。"田丰听了却摇摇头，苦笑一声说："你等都说主公心胸宽广，实际上他心胸狭窄，又装满了记恨。他不记得我是多么忠于他，只记得我多次直言劝谏，不给他面子。如若这次他打了胜仗，心情愉快，还能放了我。被我说中了大败而归，心中不爽，满肚子愤怒，正想找人泄愤，恐怕不会放过我，我是不能再活下去了。”

田丰又说准了，袁绍的部下在总结教训的时候都说：“如果有田丰在，我们肯定不会败。”袁绍回忆起伤心往事，也忍不住有点脸红，说：“以前田丰曾劝我不要轻易出兵，我偏不听。现在打了败仗，冀州人都很同情我，因为我没听田丰的话才有了今日之惨败，想起来真的很惭愧。”如果袁绍这番话是自言自语，田丰的命或许是可以留下的。偏偏说这话的时候，旁边有人听着，听着的正是田丰的死对头逢纪。

逢纪也算是聪明人，可惜心胸也挺狭窄，跟郭图没两样。他和审配的关系不错，跟田丰关系不好。他对袁绍的失败倒不是太在乎，根据地不是还在吗？东山再起的机会还是有的。但如果让自己的对头咸鱼翻身，逢纪是无论如何接受不了的，对内部的对头坚决不能放过。一听袁绍提起田丰，言下之意想放田丰一马，他立刻心里不爽，冷不丁冒了一句：“主公未免太过善良了。听说田丰在监狱里收到前方打败仗的消息，高兴得手舞足蹈，大力鼓掌，说他的预言非常准确，主公不听他的话，后果很严重。”

这话的杀伤力实在是太大了。袁绍别的不乐意听，这种话每个字都不放过。当时便勃然大怒，心想未用田丰之计，现在果然被他笑话。他可以接受官渡之战的失败，但不能接受田丰的嘲弄，根本就没想这是不是逢纪编造的。袁绍现在想的就是要保住自己的颜面。一向做事优柔寡断的袁绍这回果断下令斩了田丰。

当时的反对派还有审配，审配也不比田丰幸福多少。虽然没到前线，他是负责邺城事务的一把手，守住了袁绍的老家，看上去失败和他一点关系都没有。但是，这次大战中，他有两个儿子跟着袁绍到了前线，失败以后，成了曹操的俘虏。本来这不会影响到审配本人，甚至还能为他加分。问题是，袁绍的队伍里小圈子太多。

审配被《三国志》评价为“专而无谋”。出谋划策方面没啥本事，但是钩心斗角一般人比不上他，还喜欢专权。这和他的好朋友逢纪很相似。《三国志》里说逢纪是“果而无用”，喜欢独断专行。

既然喜欢专权，自然平时得罪的人不少。比如有个叫孟岱的人，认为审配的儿子被俘和审配的政治立场有关系。他说：“主公，你要注意这个人，他现在可是邺城一把手，向来独断专行，而且家族人口众多，势力庞大，手中握着大量精锐部队。我听说他俩儿子在曹操那儿，我们还不知道情况咋样，说不定已经受不了敌人的威逼利诱背叛了。这样对审配的立场就得重新考虑了。如果他也投敌，咱就彻底完啦。”袁绍听了又开始犹豫，于是去请教郭图和辛评，郭图、辛评也算是能出主意的人，但他们最大的毛病是极端自私、嫉贤妒能。只要和他们没关系的人，谁被陷害，他们都不会关心。他们也同意孟岱的意见。袁绍想：既然几个人都说审配要出卖自己，那审配估计真的是要出卖自己了。袁绍立刻动手了！执行正确方案的时候他特别慢，而执行错误决定的时候果断得要死，立刻下了个文件免掉审配的职务，命孟岱去当邺城一把手。

看看这个安排，诬告的人立刻升官，顶替被害人的职位，这不是鼓励大家展开诬陷工作吗？如果这事就这么拍板了，那么审配的下场比田丰还要惨。

幸好他的好朋友逢纪听说了，来找袁绍[①]说："主公，我最知道审配的性格，他不可能因为两个孩子在曹营就做出可耻的事来。主公您最好不要怀疑。"袁绍一听："在我看来，你和审配经常不和谐，一开会就吵架，怎么帮他求起情来了？"幸好逢纪表现得很高尚，说："我和他争吵是个人小事，现在说的是军中大局，这两件事不能放在一起说，放一起讨论会有伤大局。"袁绍一听，觉得太正确了，估计这也是这么多年来他接受的唯一正确的意见了。于是他下令取消了那个决定，让审配继续当邺城一把手。从那以后，审配和逢纪的关系越来越亲密了。

官渡之战中曹操大获全胜，造成的影响相当巨大，很多郡县宣布脱离袁绍。问题是曹操的力量有限，打赢了这一仗以后，不但没有力气继续向前，而且一时冲动坑杀了几万降卒，负面影响不可谓不大，导致有些原本举起曹字大旗的地方，又重新归顺到袁绍阵营了。这让袁绍缓过一口气来，逐步收复和平定了冀州全境。看起来，袁绍和曹操之间的争斗还能再持续几年。

---

① 据《后汉书·袁绍传》，此事发生前逢纪与审配不睦，而且是袁绍主动向逢纪征询意见的。

第五章

袁家一代不如一代

两个软柿子

官渡之战曹操打赢了，取得了战场上的胜利。袁绍丢盔弃甲，但是黄河以北的北方四州仍然在他手里。曹操还没有取得完全胜利，他当然渴望胜利，但只要袁绍没咽气，他就不敢轻举妄动。曹操明白，官渡之战自己取胜是有很多偶然因素的。那么，曹操开始修身养性调整军队了吗？当然没有。曹操胸怀天下，肯定不会安分守己，他不急于对袁绍下手，并不意味着不对别人动心思。他很快就把眼光投向了南方，相中了两个软柿子：一个是孙权，一个是刘表。

在这两个软柿子中先选哪个比较好呢？曹操衡量了一下，觉得还是孙权比较适合。曹操听说孙策刚死，他弟弟孙权才接掌权力，孙家还在忙于办丧事。曹操突发奇想，打算给江东的新老板来个下马威。孙权嫩得很，只要他一出马，孙权肯定会投降，派兵扫平江东应该会很容易。

曹操现在还算是东汉的司空吗？乘人之危还兴师动众，办这种龌龊的事情，要是办成了还好说，如果办不成，江东同仇敌忾，狠狠反击，那就难看了。所以曹操手下很多人都反对这个计划。

第一个反对的就是张纮。当初孙策把他从江南派到许都，想要和曹操搞好关系。没想到曹操一眼就相中了他，把他留了下来。现在张纮算是有双重身份的人，根是江东，开花结果却在曹营。听见曹操要打自己的老东家，张纮说："趁人新丧，猛揍人家很不厚道，以后我们的社会口碑和在民众中的人气会直线下降，还不如和江东展开外交关系，和孙权共建和谐社会。"

曹操是何等人物，张纮一来，就知道他想说什么了。曹操看得很透彻，这个乱世就是你死我活，对待敌人，只要有机可乘，完全可以猛冲猛打。管他是不是新丧，拿这种借口当成放过敌人的理由，以为他是宋襄公吗？但最后曹操还是听取了建议，没有出兵江东。不是张纮劝的好，而是曹操在心里算了一笔账，对双方现状进行了全面评估。自己刚和袁绍打了一场近十年来规模最大、激烈程度最强的战争，士兵都已经累了，周边危机四伏。袁绍没死，刘表没动，西凉还有几匹狼在盯着自己，如果真出兵打孙权，打不下来的话，后果会很严重。反过来，不打孙权，估计孙权还有好几年时间才会发展成能和自己对抗的势力。换句话说，打孙权不是当务之急，犯不着赌这么大。时机还没成熟，不如从善如流，叫停南征计划。

曹操这种枭雄的政治意识是非常强的。在他心目中只有两种人，一是敌人，二是朋友，没有灰色地带。既然不打孙权了，那孙权就不是敌人。不是敌人，就得做朋友，朋友之间讲究的是有来有往，送个礼物什么的。所以曹操决定做个顺水人情，上表任命孙权为讨虏将军，领会稽太守，还派了一个合适的人过去拉拢孙权。这个人当然非张纮莫属。张纮原本就是从江东来的，现在让他回去担任孙权的助手，实际上是把他安插在孙权身边，教导感化孙权，反复向孙权输出“忠君爱国”的理论：忠于我就等于是忠于东汉王朝，热爱我的政府就是热爱东汉政府。说不定哪一天孙权脑子一昏就跟了曹操了，那就可以实现不战而屈人之兵了，这个计策好。

于是张纮在时隔几年后又回到了江东。回到吴郡以后，孙夫人看他很不错，办事得力，对孙家忠心耿耿，于是让他和张昭共同担当孙权的助手。这样，孙权身边就有了“二张”。

张纮工作确实不马虎，天天都很努力，努力的方向也是为江东着想，并没有像曹操期望的那样向孙权进行政治辅导，而是尽心尽力帮助孙权处理江东事务。曹操这才叫冤枉，白让张纮领了这么久的工资，养了他这么些年，最后一转眼又归孙家了，而且还是自己亲手把这个人才无偿送给敌人使用。可见，老谋深算的曹操也有失手出昏着的一天。

其实张纮刚回到江东的时候，很多人对他是持怀疑态度的，觉得不能让他参与重要事务，不能让他进入政治核心。可孙权不听，他对张纮无比信任。也正是因为这一点，张纮才愿意死心塌地地跟随孙权。

从这一点也可以看出孙策是很有眼光的。孙策临终前把孙权叫过来说：“带兵打仗你不如我。但是团结身边一切可以团结的力量，共同管理好江东，我不如你。”孙权也确实如此，目前已经逐渐体现出心胸宽广、管理有方的 CEO 风范。

孙权的成长还需要一定时日，先看曹操看中的第二个软柿子刘表。

趁着北方打成一锅粥的机会，刘表闷头发展自己的势力，逐渐牛了起来。趁着曹操和袁绍死缠烂打时，刘表拿南方的张羡开刀了。张羡的地盘在刘表的南面，像长沙、零陵、桂阳等，都在现今湖南省中部，和刘表的荆州（今湖北境内）是交界的。自己南方有一匹狼，刘表当然不干，但刘表的军事能力实在菜。

张羡要是真有本事，早就扩张地盘了。可就是张羡，刘表也打不下来！围攻了好几年几乎没什么进展，最后撑到张羡死了，才趁机把他的地盘收下。这下刘表的地盘扩大了，部队人数也数以十万计。

一看手头有兵有粮，刘表突然牛起来了，野心开始膨胀，把过往文明礼貌的姿态统统忘了，也不向朝廷进贡了，这等于表示自己不再向曹操尽忠了，而且衣食住行是参照皇帝的标准来制定的。这时，大家才明白，咬人的狗是不叫的。刘表可以和袁术划归为同一类别，只是刘表的表演水平比袁术高。曹操看到刘表这样，心里能不生气吗？曹操想：要不教训他一顿，天下就更乱套了。个个都抢着当皇帝，我手上的皇帝还有什么用？当然除了主观情绪外，客观条件曹操也摆出来了。

第一，刘表比较软，虽然势力大，但打仗能力差。曹操打他还是比较有把握的。第二，刘表算得上是袁绍的盟友，袁绍新败不久，肯定没有能力也没有胆量贸然南下。这时候打刘表是没有后顾之忧的，很合算。

建安六年（201）三月，官渡之战过去半年后，曹操把军队移到粮草较为丰足的安民县，好好修整了一下，士兵们恢复了精力，粮草也征够了。曹操算计着可以利用这个机会把刘表搞定，让天下人看看，谁敢不把皇帝放在眼里，这就是下场。当然现在最不把皇帝放在眼里的正是曹操本人。

如果曹操去打刘表了，恐怕平定北方的进程要往后推很久，甚至可能最后败亡。虽说刘表比较软，比较迟钝，但是瘦死的骆驼比马大，荆州这么大，哪是一口塞得下去的？只要刘表坚守不出，不跟曹操决战，曹操就一点办法也没有。

还好，曹操不是袁绍，部下的建议他是会听的。南征刘表的计划提出以后，就有人站出来反对，这个人正是老谋深算的荀彧。他对曹操说："主公，现在袁绍刚刚崩溃，军心不稳，冀州人民情绪也不稳定。冀州各行各业全面进入了寒冬，已经处于困难时期。这时候我们可以趁热打铁，一锤敲过去，把袁氏彻底搞定。若是反其道而行之，不北上，长途跋涉进攻荆州，万一荆州拿不下来，袁绍恢复了元气，看中了机会必然会乘虚而入，卷土重来。到时候我们腹背受敌，能挡得住吗？"

荀彧的战略眼光实在太高了，一眼就看穿了当下形势，也看穿了曹操头脑发热的倾向。

曹操果然开始害怕了。曹操的才干虽然不是超一流的，但对于正确的意见他是愿意听的，对人才也是非常尊重的。首席高参说了这番话，怎么能不听呢？于是曹操叫停了南征刘表的计划，他决定先把袁绍彻底打败再收拾南方这两个软柿子。

袁绍之死

曹操连续选了两个软柿子想打都被劝住了。既然手下高参们都说这个阶段主要敌人依然是袁绍，那好，就打袁绍。虽然官渡一战已经把袁绍打得没脾气了，但仔细想想，现在袁绍手里还有四个州，所占国土面积依然是所有诸侯中最大的，人口数量也非常庞大，基础雄厚。虽说打了一次大败仗，但是破船也有三斤钉，如果让袁绍缓过气来，以后的麻烦不可估量。所以当前重中之重依然是打袁绍，最好能把他的四个州都抢过来，消灭在北方最大的威胁。到那时再把精力转向南方，慢慢收拾南方大大小小的敌人。

打定主意以后，建安七年（202）春天，曹操启动了对袁绍最后一战的程序，再次率军来到带给他好运的官渡，雄心勃勃地向袁绍叫板。

这年的四月，袁绍的苦日子来了。曹操派了军队给袁绍搞了一次春夏大阅兵，让自己的军队沿着黄河南岸行进，以此向袁绍炫耀武力。阅兵结束后，曹操立刻率领军队在仓亭跟袁军打了一仗，这一仗可以说是打掉了袁绍的老本。

《三国演义》里说，袁绍在官渡之战败退以后心有不甘，于是叫上儿子、外甥又凑了七万多人进驻平丘，打算从这里南下反击曹操，挽回颜面。曹操就势北上和袁绍进行决战。但因为这次袁绍吸取了教训，所以步步为营，打算一口一口吃掉曹军。这个策略把曹操搞得焦头烂额，后来程昱献了十面埋伏之计，利用许褚当诱饵把袁军给引进来。曹军背水一战，再次击败了袁军，袁绍败退的时候伏兵四起，最后彻底被打垮了。这一战以后，袁军元气大伤。仓亭之战也被称为平丘之战。

奇怪的是，这次战争在正史中鲜有记载，所以后世史学家怀疑这一仗的规模有没有这么大，甚至这一仗到底存不存在。也许有人问，既然不存在，为什么仓亭之战这么出名？因为《三国演义》太出名。仓亭之战只在《三国演义》中有详尽的描述，所以有人质疑这是不是罗先生个人杜撰的。这里有争议，暂时放下不表。

即便仓亭之战没这么大规模，但是经过这一战，袁绍的精锐部队也差不多被彻底歼灭了。如果说袁绍和曹操争夺北方霸权是一场拳击赛，那么经过仓亭一战，袁绍连再上台的机会都没有了。官渡之败加上仓亭之战，在袁绍脆弱的心灵上挥了一记闷棍。明明是自己占有绝对优势，结果脸面彻底被曹操打没了，只能暗自伤心，痛恨曹操。袁绍已经不可能有大作为了，一来信心已经垮掉，二来生病了。

经常有医学界人士说，打完仗以后的士兵会有战争后遗症，会莫名烦躁郁闷，生活没有方向，等等。事实上，在三国时期，这种症状就有典型代表了。官渡之战给袁绍留下的后遗症很严重，完全符合现代医学所说的战争后遗症。袁绍郁郁寡欢地走到了生命的终点，他已经被不可磨灭的伤痛彻底拖垮，天天都在钻死胡同。

不知道袁绍最后有没有反省一下自己，实际上他不是被曹操打败的，而是自己玩残了自己。袁绍表面上牛哄哄，内心却是疑虑重重，脸皮又很薄，死要面子活受罪。心里羞愤难当，积聚久了，就生出病来了。这种病表面上一时看不出来，一旦引发病变，后果往往很严重。没过多久，袁绍便一病不起，大口大口地吐血。建安七年（202）五月，袁绍吐血而亡。

客观来说，袁绍并非平庸之辈，后人说袁绍有这个缺点、那个缺点，是把他摆在相当的高度去评价的，认为他没有达到这个高度所必需的条件。但如果把心态放平，把袁绍位置放低一点，我们就会发现，其实他还是有能力的。只不过是从小做惯了富家子弟，泡在权力的蜜罐里长大，身边没人敢反驳他的意思，长大以后对别人的意见也没办法准确把握了。到最后袁绍只剩下要面子这个特点了，其他东西都是虚的。别人对他也很虚，政治朋友圈是虚假繁荣，表面上看很强大，实际上充满了钩心斗角。袁绍也倒霉，如果碰到的对手不是精明强干的曹操或许也不至于败得这么惨，甚至还有可能统一北方。

当时天下势力中能有脑子和袁绍对着干的也就是曹操、刘备、孙家父子了。这当中军事实力达标的只有曹操，还是勉强达标。刘备、孙家势力还达不到曹操的标准，至于其他虾兵蟹将一般的诸侯就更不用说了。说到底，袁绍原本是能成事的，是自己作死的。

当初袁绍打败公孙瓒以后，号称要考察儿子的本事，任命袁谭为青州刺史，袁熙为幽州刺史，小儿子袁尚留在冀州，外甥高干为并州刺史。三个儿子加一个外甥，各领一州，互相不服气。袁绍一死，北方四州能不乱吗？按照正常思路，精明的曹操应该看准机会乘虚而入。可是曹操偏偏没这么做，居然班师回朝了。

曹操撤兵是因为后方受到了威胁，威胁他的正是他最讨厌的人——刘备。刘备又到曹操身后搞起了小动作。

收拾小人

在袁曹交锋的时候，刘备多次跑到曹操身后——许都附近策反各路武装力量。第一次联合了刘辟，第二次联合了龚都。相比于联合刘辟时的痛苦，联合龚都的时候，刘备看起来十分高兴。因为这个阶段，刘备已经看得很清楚了，袁绍的公司马上要关门大吉了，跟着他没前途，所以必须积极寻找自主创业的机会。他想在汝南搞搞小动作，如果曹操不理他，他就趁机发展壮大，如果曹操打过来了，他最多向南走。天下之大，难道没有立足之地？总之，在曹操后面打游击，刘备不会是输家。

对刘备的这种做法，曹操心里愤恨不已。也正是鉴于这个原因，建安六年（201），曹操看把袁绍打得差不多了，立马抽出身来回军许都。

一方面，派遣部将夏侯渊、张辽率军讨伐曾经帮助刘备反叛自己的东海太守昌豨；另一方面，立刻亲自率军南下。

昌豨原本是臧霸的泰山军中的一员。曹操搞定了徐州后，通过统一战线把臧霸纳入旗下，让他高度自治。那时昌豨便投了曹操，被任命为东海太守。后来刘备反叛曹操，昌豨也凑热闹打起了反曹的旗号。曹操讨伐刘备的时候，顺手把昌豨收拾了一顿。无奈袁绍随时有打过来的可能，曹操只能速战速决，没有把昌豨斩草除根，便迅速返回官渡前线待战了。

现在不一样了，袁绍已经被曹操打败，是时候跟昌豨算总账了。昌豨在曹操心目中就是个势利之徒，当初招安他们的时候，曹操给人、给地、给权力，结果他一回头他们就反叛。这种人就是墙头草，不连根拔了怎么能行？对付他，派个部将过去就行了。曹操的主要精力还是放在刘备身上。昌豨对自己认识得也蛮清晰的，他明白自己只能算是乱世中的山大王，手下兵马强抢老百姓、欺负老弱病残还可以，但真要和精锐的曹军打正规战，纯属不自量力。所以夏侯渊和张辽大军一到，昌豨话不多说，直接退回城中坚守，等曹军粮草不济退回去。这种主动认乌龟的策略还是很有成效的。

夏侯渊和张辽都是名将，可是围了昌豨几个月，愣是攻不下来，将士们打得十分疲惫，明里暗里都向夏侯渊暗示回军休整，夏侯渊也心烦了，准备下达率军回师的命令。这时张辽说可以去试试招降昌豨。原来每次到前线观察敌情的时候，张辽都发现一个微妙的细节。张辽和昌豨算是旧相识，张辽是吕布的旧将，当年在徐州混，而昌豨的原主子臧霸，当年是吕布的友军。因为这层关系，两人相识，现在旧同僚变成了新敌手。每到前线，昌豨就盯着张辽看，每次攻城，张辽就发现昌豨军的弓箭越射越稀少。张辽认为昌豨已经是强弩之末，军力已经磨得差不多了，心里是有投降之意的。如果自己凭借老关系去劝降，或许事情能解决得简单一点。

张辽预料得没错。昌豨在城里的日子十分难过，几次想投降，但又害怕曹操，想：自己如此反复，曹操能赦免自己吗？如果不赦免，投降不就等于找死吗？看张辽居然独自前来见自己，昌豨非常高兴，两个人就在城下一边慢慢散步，一边交谈。张辽的口舌功夫还算不错。昌豨被说服了，选择了投降。不过禀性难移，昌豨这次投降是迫不得已，并不代表人品已经转变，他并没有退出小人圈子。投降曹操以后没过几年又耐不住寂寞，再次率军反叛。

曹操又派大军前去镇压，被曹军打得急了，昌豨又想投降。不过这次投降，他选错了代理人。他想投降于禁。于禁是个一板一眼、做事讲规矩的人。当初曹操被张绣打败后，乱军之中于禁的队伍撤退得有条不紊，还顺带收拾了不讲规矩的青州兵。于禁容不下昌豨这种小人，直接把他杀了。

相比于昌豨能够投降，刘备的日子就难过得多了。刘备一直很善于玩藏心术，先是忽悠公孙瓒得以在平原立足，后来又忽悠陶谦得到了徐州，再后来忽悠吕布重回小沛，忽悠曹操杀掉吕布，忽悠曹操脱离许都，忽悠袁绍来到汝南……刘备忽悠的本事大，在袁绍最需要他的时候，他没有去拉一把，而是离开袁绍到汝南发展，和黄巾军首领联合在一起了。曹操、刘备都是靠打黄巾军起家的，现在又先后和黄巾军结成了同盟。

反正这种没节操的事，曹操、刘备早就做习惯了。刘备如此威胁曹操，他离许都最近的时候只有几十里，曹操能不过来教训他？但刘备手上只有几千人，曹操亲自率主力来了，他连照面都不敢打，立刻派糜竺和孙乾与刘表联系，说愿归附于刘表。

等曹操赶到的时候，刘备拔营就跑，奔向荆州去投靠刘表了。刘备在袁绍那里接受的任务是帮助袁绍联络刘表，可刘备到汝南就坐着不动了，只顾着扩大自己的事业，把原本的任务丢开，根本没去见刘表。直到他撑不下去了，才迫不得已跑到刘表那里去。曹操看见几千人跑得像满地散沙似的，后悔当初把的卢马送给了刘备。

火烧博望坡

刘表听说刘备来投奔自己，和曾经的陶谦、袁绍、吕布一样，也感到无比荣幸，发扬了热情好客的作风，盛装来到郊外，举行了隆重的仪式，热烈欢迎同宗的到来。当然，也别把刘表当傻子，他这么做并不是因为崇拜刘备，他真正的目的是利用刘备。刘表表面看上去温文尔雅，是个朴实的正人君子，但内心多疑，好猜忌。面对能力甩自己几条街的刘贤弟，刘表实际态度很一般，见了面以后无非是打哈哈，并没想要重用他。刘备到了荆州以后，刘表处处提防他。

刘表把荆州北部的新野让给了刘备，这不是因为他大方，而是因为新野再往北一点就是曹操的地界了。简单来说，新野就是荆州的北大门。把这个地方让给刘备，美其名曰相互提携、共同进步，实际上是拿刘备当人肉盾牌抵挡曹操。这和当初陶谦、吕布让刘备驻扎在小沛的目的是一样的。

刘备是枭雄，不会久居人下。刘表把他放到新野是居心叵测，但对刘备来说，这并不算坏事，这些年来人肉盾牌他不知道当了多少回了。不管新野地理环境有多恶劣，好歹也是块地，是金子放到哪儿都会发光。

所以在刘表旗下，刘备并没有吃闲饭，而是暗地里发展自己的势力。刘备收买人心的技能一直发挥得很好，荆州各界豪杰义士纷纷投奔，其中徐庶特别受刘备器重。可是这对于刘表来说就不是好消息了，这是在挑战他的权威。

就像当初的吕布一样，刘表也觉得刘备没有当乖孩子。他想：荆州地盘上的人都听你的，将来谁服我？于是，他对刘备说："曹操现在和袁绍的儿子们打仗，你趁机去打一仗，机会难得，要好好珍惜。你放心，曹操现在主要对付的是袁家的那几个公子，不会用主力对付你。"

从这件事可以看出，刘表心里是后悔之前官渡之战的时候没有配合袁绍，没有趁机打垮曹操，结果让曹操的势力越来越大。现在曹操继续向北方用兵，主力攻击袁绍，想把袁氏集团彻底铲平。刘表觉得，这个机会无论如何不能再放过了。

他明知道这是个时机，出手却不太大气，只派了刘备带领本部人马向北进攻。就像看中了一只股票，明知有机会拉升涨停板，却只用了闲钱去投资，不敢用本金大量投入，这等气量怎么可能赚钱？刘表这么做，是搞不出什么名堂来的。

在刘表的安排下，刘备北上来到了叶县。

曹操很快听说刘备带兵向北进发来到了叶县，他心里还是紧张了一下。曹操对于刘备一向很重视，他挑选了一支自认为可以抵御刘备军的豪华军队，由夏侯惇来领军，于禁、李典为副将。

说到夏侯惇，很多人可能觉得他军事能力不怎么样，比起关羽、张飞确实是差了点，但他手下的人很厉害。于禁、李典是曹营一流名将，和关羽、张飞打也是旗鼓相当。可就是这样豪华的阵容，也没把刘备治住。两军在叶县一带相遇，曹军兵精粮足，兵力比刘备雄厚，战斗力也比刘备强。问题是历史就喜欢出现以弱胜强的战例。双方打了很长时间不分胜负。刘备的心思又开始活络了：夏侯惇和我来打，纵然我能打败他一两次，他把兵马一收，往城里一钻，我也拿他没办法。如果在叶县拖久了，曹操忙完了手头工作，亲自率军来支援，我恐怕只有败退这条路了。前几次的经验教训告诉他，在曹操手上败退，会输得渣都不剩。

刘备眼珠一转，冒出一条计策，他命令部队准备火把去纵火。手下将士们就说，现在去敌营里放火烧，成功的可能性不大。夏侯惇可不是淳于琼，他也不是傻子。刘备得意扬扬地说："谁说要去烧敌人营寨了？我说的是烧自己的营寨。"

刘备的计划是在叶县南部找一个合适伏击的地点，埋好伏兵，再把自己的军营烧了，缓缓撤军。夏侯惇必然中计追击，等他进了伏击圈，不把他打死，也让他脱层皮。

刘备军设好了伏击圈后，真把自己的军营焚烧了，在曹军迷惑的眼神中缓缓退去。整个过程中，刘备表演得天衣无缝，曹军愣是没看出一点破绽，特别是夏侯惇。夏侯惇是曹操手下的第一大将，不是因为他实力超群，而是因为曹操真把他当心腹。曹操手下有一大队人马，他只把军队交给自己最信任的人。当然除了是曹操的心腹外，夏侯惇也是有本事的，只不过排在一流战将的队伍里有点尴尬，但放在二流三流武将面前，他就是一尊神了。

夏侯惇的水平跟刘备相比还是差了点，所以他看到刘备这个动作，心里十分迷惑，想来想去觉得刘备肯定是因为久攻不下，没有了粮草才退兵的，于是命令追击。面对夏侯惇的命令，于禁没有提出反对意见，他的想法应该也一样。但李典提出了反对意见。对这事，李典一直有警觉性。他觉得刘备一向阴险，说不定这是诱敌之计，所以他说，“现在咱们和刘备没真正决战，他没理由地就撤退了，肯定是有埋伏。所以就让他跑，咱不能追。”夏侯惇不高兴了，说：“我就是要追。你要是胆小怕中埋伏，就给我守在大营里。”无论李典怎么劝，身份始终是个副手，既然领导说话了，他再说也是于事无补。李典郁闷地留下来守大营，而夏侯惇亲自率领精锐追击刘备。

刘备的撤退真不愧是诱饵，表演得实在太过完美、太过逼真，夏侯惇根本就看不出真假。夏侯惇越陷越深，追击越来越猛，终于扎进了刘备的埋伏圈。刘备一看夏侯惇中计，立刻猛烈攻击。一般战将碰到这种情况都会手忙脚乱，但夏侯惇跟着曹操，所谓近朱者赤，近墨者黑，打仗的本事也学到不少。夏侯惇很镇定地指挥军队反击，只不过刘备下的本钱太大。夏侯惇的对手可是关羽、张飞，他们率领精锐部队打伏击，让人很难顶得住。夏侯惇苦撑一段时间以后军队开始失去了阵型，乱了阵脚。

两军交锋最忌讳的就是自乱阵脚，一旦阵不成型，就会溃逃，也就意味着即将被屠杀。就在夏侯惇准备以死殉曹的时候，救星来了。救星就是之前被他骂得狗血淋头的李典。李典心胸还是很宽广的，完全没有记恨他。夏侯惇走了以后，李典越来越放心不下，率领部队在后面接应。结果到前线一看，夏侯惇果然中计了，二话不说赶紧营救。如果不是李典跟上来，夏侯惇估计真见不到曹操了。所以要对身边的人好一点，对下级不要动不动就耍威风，有时候你的命或许就在他手里。

刘备虽然打赢了，但是也只限于把夏侯惇赶跑了。得胜之后他并没有追上去，而是带领军队缓缓撤回新野。曹军家大业大，败了一仗，把损失补上来就是了。刘备自己这边的兵力太少，打一个少一个，就算这回赢了，消耗也不小，万一追上去没能打赢就白瞎了。这一战就是《三国演义》中所说的博望坡之战，战斗结果是一样的，但过程完全不同。

罗贯中先生把这个计策说成是诸葛亮出的，把智慧归到诸葛亮头上。其实那时候诸葛亮还没跟刘备见过面。火烧博望坡在史料上有明确记载，主意是刘备出的。《三国演义》通过杜撰的情节给后人留下了一句俗语——新官上任三把火。第一把火是火烧博望坡，第二把火是火烧新野，第三把火就是赫赫有名的赤壁之战借东风烧曹军了。

兄弟争权

我们再来看曹操和袁家的恩怨。本来袁绍死了，应该是北方人民群众的损失。但事实上，袁绍当时已经没有多大用处，他不可能重新振作了。他死了，让一个有作为的人上台才是冀州的希望。只是理想很丰满，现实很骨感，袁绍一死，冀州更乱了。

袁绍虽然没有像弟弟袁术那样死前坐在龙椅上，但实际上早就已经把冀州当成自己的家天下了。他老早就认为死后该由儿子来接班。这个观念在当时也不是新鲜事儿，所以袁绍公开透露这种想法的时候，没人说他自私，这方面他没做错，错就错在他有三个儿子。

三个儿子都有遗产继承权，袁绍应该早点指定接班人。按当时“立嫡不立庶，立长不立幼”的原则，嫡出的儿子比庶出的儿子有优先继承权，没有嫡出的儿子，就是长子有优先继承权。袁绍留下的家业自然是袁谭的，可袁绍偏偏犹豫不决，他更喜欢和刘氏生的小儿子袁尚。袁尚也确实继承了父母的优秀基因，人长得帅。袁绍打心眼儿里想让袁尚继承自己的事业。可是祖宗有法，废袁谭立袁尚，等于违反了祖宗家法。于是袁绍想了个很聪明的办法，把袁谭过继给自己死去的哥哥。这样一来，袁谭就不是他的儿子了，他可以光明正大地把袁尚立为世子了。

如果事情这么发展也就罢了，可是袁绍把袁谭过继之后又变成慈父了，觉得有点对不起大儿子，又给了袁谭一些兵力，让他到青州任职，算是一点补偿。刚刚去青州的时候，袁谭能控制的地盘小得可怜，只有一个平原县，他就成了平原县县令。后来汉献帝和袁家关系处得挺好，给了袁谭一个青州刺史的官位[①]，有了中央政府的红头文件，袁谭开始大展拳脚，进行扩张。他向北攻打公孙瓒设置的青州刺史田楷，向东进攻北海相孔融。折腾了几年，还真把青州给打下来了。这样一来，袁谭就成了个小军阀，而且还是实力派小军阀。

对于继承权这个问题，袁绍身边也有明白人，就是沮授。沮授说："主公，世称万人逐兔，一人获之，贪者悉止，分定故也。谭长子，当为嗣，而斥使居外，祸其始此矣。"意思是说："一万个人同时追一只兔子，最后有一个人抓到它了，别人都会停下脚步，因为所有权已经确定了，这只兔子就是那个人的，别人也不会再来争。现在袁谭是你的长子，身体也很健康，按理就应该让他做继承人，你却把他排除在外。冀州的祸患就此埋下了。"

袁绍当然不能说沮授的话不对，但还想为自己辩解。他说自己计划

① 一说，是曹操拜袁谭为青州刺史的。

把儿子分到各地去，让他们从基层干起，锻炼一下，也顺便看看他们谁的本领最大。这也是很有道理的，沮授无法反驳。袁绍手下的谋士看到袁绍的安排，有些选择跟袁谭，有些加入了袁尚的班子。袁绍还没死，他们已经在为袁绍死后自己的未来做铺排了。

袁尚和袁谭两个集团逐渐形成。袁绍迟迟未把接班人最终定下来，他死了，这两个集团的斗争日趋白热化。

官渡之战以后审配差点被宰，是逢纪救了他，他们很快成为同一战壕的好战友，但是袁谭很讨厌他们，他喜欢的是郭图和辛评。

讨论谁来当袁氏集团接班人的时候，有人说，袁谭是长子，当然是他来接班。审配等人不高兴了，审配等人怕袁谭掌权后，新官上任的那把火烧到他们身上。于是审配等人就串通袁绍遗孀刘氏捏造了袁绍的遗嘱，说袁绍去世那天叫大家一定要帮助袁尚，让他来做袁氏集团掌权人。如果大家不同意，袁绍死不瞑目。

很多人当官就是为了混口饭吃，谁当老大跟他们有什么关系，保证按时发工资就好了，而且袁尚在城里，谁知道他会和审配等人采取什么措施。如果敢说不同意，恐怕麻烦就要找上门来。于是大家都不吭声，袁尚顺利继承了袁绍的大位。这看上去是个皆大欢喜的结局，刘氏、袁尚、审配都高兴了。大家也觉得谁当主公都一样，自己饭碗别丢就行了。

但是袁谭能高兴吗？远在青州的袁谭听说老爸死了，立刻马不停蹄赶回来参加追悼会，当然更多的是想参与权力争斗。可是等袁谭回到邺城，看到权力大棒已经交到了弟弟手里。他一方面承受着老爸去世的痛苦，另一方面眼睁睁看着原本属于自己的位子被弟弟抢走。袁谭一怒之下，率领人马回到了黎阳前线，任命自己为车骑将军。

实际上，袁家和曹家在官渡大战以后实力都受到了损伤。袁绍无力再战，只能回黎阳一带设置防线阻挡曹军。曹操缓口气后，又带上部队步步进逼，离黎阳前线已不远了。袁谭进驻黎阳后，发现黎阳的兵实在太少，不能就这么硬扛。这时，袁尚划了一部分军队给袁谭，让他好好守着黎阳，并派逢纪去协助他。袁谭听说抢了自己权力的袁尚居然给自己调拨军马，心里还是温暖了一下。可是当他走出大营一盘点，发现袁尚派来的军队才那么一丁点儿，才知道原来弟弟不是暖心人，而是黑心人。兵不是最重要的，带兵的人才是最重要的。逢纪其实就是来当监军的，袁谭不好立刻发作，在台面上还得客客气气的，只能回头再请求弟弟调拨兵马。袁尚年纪轻，刚刚接了老爸的位置，也没什么从政经验，就去问审配的意见。审配进行了一番认真的研究后，认为袁谭防御曹操是假的，趁机发展自己的势力才是真。于是，建议袁尚不要满足袁谭的要求。袁谭左等兵马不到，右等兵马不到，一问才知道，原来是审配给自己下了绊子。他气得抓狂，脑子一热把怒火都发泄在了逢纪身上，直接把他杀了。这样一来，兄弟俩算是彻底翻脸了。

建安六年（201）九月，曹操率军亲征，北伐袁谭，想趁着他们兄弟闹矛盾的时候，渡过黄河。

袁谭当然知道曹操部队强大，自己打不过，只能拉下脸再向弟弟求援。袁尚是害怕袁谭趁机吞并自己、扩充实力，更害怕曹操吞并黎阳。袖手旁观见死不救肯定说不过去，兄弟俩的账以后可以慢慢算。中国自古以来解决内部矛盾的方式就是共同抵抗外敌。外部矛盾来了，袁尚决定亲率大军救大哥，让审配留守邺城。兄弟俩虽然骨子里你不服我，我不服你，但打仗不离亲兄弟，和曹操打的时候还是比较用心的。

曹操都不把袁绍放在眼里，更别说是他们俩了。几次战斗，袁家兄弟都被击败。这两人都知道，只要往后再退一步，曹操就真的要杀入冀州了。所以虽然每次都吃苦头，但依然约束败军坚守阵地。袁尚也不是傻子，对军事略通一二，知道和曹操实力相差太远，硬扛不行。所以他希望自己拖住曹操，让高干率领并州兵马南下直取曹操大后方。袁尚带领援军来的同时，还联合了很多力量，甚至到西凉找了马腾，劝说他一起举兵攻打曹操。曹操要打两个野小子是可以的，再加一两个也没什么，但如果大家一拥而上，正所谓双拳难敌四手，英雄也怕群殴，曹操脑袋又该疼了。

袁军的援军

袁绍刚死的时候，曹操已经在为北伐做准备了，而且为了方便军粮运输，还开辟了睢阳渠。这条渠是从今天的河南开封向西一直到官渡，是一条运河。曹操志在平定黄河以北，所以很重视这个工程，亲自视察。从谯县到浚仪县要经过梁国，这里长眠着曹操年轻时的一个老熟人——对他评价非常高的桥玄。少年时代的曹操正是因为得到了桥玄的鼓励才获得了力量，看准了前行的方向。所以曹操特意去祭祀了桥玄，还写下了祭文。在桥玄墓前，曹操破格献上了太牢之礼。

当时祭祀分为三种：诸侯用牛来祭祀，称为太牢；大夫用羊来祭祀，称为少牢；士人是用猪祭祀，称为馈食。桥玄当年官至太尉，没有侯爵，只能用少牢。曹操高规格地祭祀他，说明了对他的尊重。

睢阳渠开通后，曹操可以顺利把部队开到黎阳前线了。后勤保障已经不是问题，几仗下来，袁家两兄弟被击败了。

袁家兄弟在正面和曹操硬杠的时候，袁尚任命郭援为河东太守，当然这个职务是打白条的。因为河东郡现在在曹操手里，打下河东，他才是真正的河东太守。这和当年袁术给孙策一个空头支票是同样的道理。当然光一个郭援不够用，袁尚命令郭援会同并州刺史高干、南匈奴单于栾提呼厨泉作为援军。

袁家这几路援军合在一起进攻河东郡，到处煽风点火，让曹操分身乏术。但他手下有人才。一开始袁家兄弟的援军的反击进展很顺利，河东郡纷纷陷落，只剩下朝廷任命的河东郡太守贾逵坚守的绛县。不过一个小小的县城，也没什么可怕的，一路上已经频频得手，郭援本不把绛县当回事。但他没想到，绛县一把手贾逵守城的本事没多少，骨头却硬得要命，不光骨头硬，还很得人心。城里老百姓就不说了，有头有脸的大佬也都是贾逵的粉丝。绛县眼看守不住的时候，这些人就派代表找到郭援说："只要不杀贾逵，我们就投降，否则我们死拼到底。"郭援想反正自己是为了抢地盘，又不是为了杀人，少杀一个多杀一个有什么区别，就答应了条件。但是进城后郭援却不见守城将领来参拜，出于好奇，他想看看大家为之求情的贾逵到底长什么样，没想到越看越顺眼，便想把贾逵撬过来。按说占领军已经开出了条件，贾逵点头答应也是形势所迫，可以理解，但贾逵偏偏不为所动。郭援生气了，手下也跟着着急，一拥而上摁住贾逵，让他给郭援叩头，贾逵挣扎骂道："哪有朝廷命官向贼人下跪的道理？"郭援勃然大怒："不投降，我留你有何用？"因此叫人把他拉下去杀了。

这个消息很快就传出去了，当地人跑上城楼示威。郭援怎么能说话不算话，如果一定要把贾逵杀了，不管是将士还是老百姓就会和他拼到底，打到最后一个人也决不投降。一个人反无所谓，十个人反也无所谓，全城的人反，郭援就有压力了。郭援自然不能当众杀人，所以派人把贾逵关押在一个地窖里，想把他在地窖里活活闷死。

贾逵一看这回完蛋了，不由得仰天长叹。也许是他的运气实在太好，在地窖里长叹一声居然也有人听得见，听到他叹息的人心很软，而且是个助人为乐的热心肠。当天夜里这人就悄悄把贾逵给放了，于是他奇迹般获救了。这件事告诉我们，为人忠诚，忠肝义胆，老天爷都会开眼的。

再说郭援的另外一条战线，除了拉拢南匈奴，他还想方设法在西凉寻找外援，他看中了正在关中的马腾。

郭援一路得势的时候，曹操正和袁家兄弟纠缠，他派出钟繇对付南匈奴单于。钟繇办事非常得力，把南匈奴单于包围在平阳，准备向平阳发动总攻。郭援带领部队来解围。

马腾这几年在忙些啥？当年马腾和韩遂讨伐李傕、郭汜不利后退回了凉州。也正是因为这个经历，马、韩两人的关系相当好，结成了异姓兄弟。但好景不长，由于部下的一些纠纷没处理好，两人很快反目成仇。马腾先下手为强，率先进攻韩遂。韩遂很快败退。不过胜利来得太快，幸福总是很短暂。韩遂喘过气来站定脚跟后，决定卷土重来。复仇的力量很大，他把马腾赶跑了，马腾的老婆也被韩遂杀了。马腾被韩遂赶出了凉州，只能灰溜溜地跑到关中。关中军阀派系林立，不过都是游击队。马腾虽然是外来户，但见过大风大浪，如鹤立鸡群一般，很快在关中站稳了脚跟，成为他们中实力最强大的武装力量。

钟繇曾经以司隶校尉的身份成功说服韩遂、马腾把儿子送到许都当人质。既然儿子已经成了人家的肉票，那马腾还和郭援他们闹腾个啥？这不就等于和曹家势力作对吗？而现在朝廷在曹家手里捏着，这不是想害死自己的儿子吗？

钟繇真有两把刷子，面对腹背受敌的险境不慌不忙。他是个大书法家，通常气定神闲，泰山崩于前而色不变，碰到战场上的这种状况也是如此。他知道如果不打破袁家和马腾的联合，自己就没有办法维护这一带的稳定，曹操也就无法专心在前线打仗。于是他派出一个叫张既的人去做马腾的思想工作，进行军中策反。

马腾犹豫不决，因为他心存幻想。关键时刻，有个叫傅干的人出场了，他的分析让马腾下定了决心。傅干对马腾说："跟袁尚他们混是国家的罪人，是没有前途的，后果非常严重。跟着曹操就是跟着朝廷，前途远大，未来光明。现在您应该及时醒悟，回头是岸。"马腾一想，好像也确实是这么回事。曹操代表的是朝廷，财大气粗，袁家被兄弟几个分来分去也不剩什么了。于是马腾的思路来了个 180 度大转弯，决定反过来打郭援。他派马超带领一万部队与钟繇组成联军。马超就在这时闪亮登场了。这样一来，战场局势发生了彻底逆转。

郭援还一直在做梦，希望盟友出手，没想到转眼盟友就成了敌人。这仗该怎么打？

肃清外围

马腾被策反后，战场局势发生了逆转。现在郭援唯一的指望就是少数民族兄弟了，这时如果把南匈奴盟友给丢了，就真是孤军作战了。所以郭援决定渡过汾水，攻击平阳，和南匈奴单于合兵一处。本来战场形势是郭援兵多，他决定渡河的时候钟繇手下人还很害怕，建议放下平阳专心对付郭援。钟繇却很有信心，胸有成竹。他说：“现在袁军实力雄厚，主将郭援是一个自我感觉非常良好的人，他一定会轻视我军。他们会一门心思想渡汾水，我们可以趁他们渡到一半时突然袭击，必然可以大获全胜。”

钟繇对郭援的判断太准了，郭援果然下令大军渡河。手下很多将领都劝他，历史上已经多次出现过“击其半渡”的事例。手下人说：“我们走到一半，假如敌人涌过来，该如何处置？”郭援拍着胸脯说：“敌军敢现在出现吗？”结果敌人真的出现了。

郭援部队渡河渡到一半时，钟繇和马超联军大规模出动，向他们发起总攻。郭援部队在河里，一点反抗能力都没有，不得不大败而走。钟繇、马超一看得势，挥军追赶，把郭援军打得全面崩盘，信心满满的倒霉蛋郭援也在乱军中被杀了。

钟繇听说郭援死了，打扫战场的时候却没发现他的人头。当时打胜仗要割下对方的首级才算立功。尤其是对方主将死了，首级没找到，确实说不过去。钟繇吩咐大家一定要找到郭援的人头。最后，马超的部将、赫赫有名的庞德从马背箭袋里掏出郭援的人头。

钟繇放声大哭，鼻涕眼泪都出来了。面对敌人巨大的压力，钟繇总是气定神闲，现在打胜仗了，却被一个人头吓成这样，大家实在有点不理解。钟繇说，郭援是他的亲外甥，如果不是生在乱世，说不定他们此刻会在某个酒楼里大吃大喝呢。这下大家呆住了，打心眼儿里钦佩钟繇。之前他率领大军和外甥玩命，把公事放在第一位，把私情摆在背后，这种品德实在难能可贵。

庞德一脸尴尬，连连道歉。钟繇听了，反而不哭了，定了定神说：

“郭援虽是我的外甥，但他是背叛朝廷的逆贼，将军无须道歉。”

战争不顾及亲情，残酷程度可见一斑。只要参与了战争，毁灭的可能会是你最舍不得的东西。

郭援战败，消息很快传到了平阳南匈奴单于那里。单于看郭援这么强大都被钟繇杀了，自己再坚持下去也没啥意思了。他倒也识趣，乖乖举手投降。袁尚精心准备的几路大军就这么分崩离析了。

郭援败了，但袁氏兄弟那边却不是完全没有好消息：这个节骨眼上，发生了火烧博望坡事件。

刘表开始在南边搞小动作，但他只派刘备带本部人马向北进攻，自己则继续在家发挥名士风范。火烧博望坡，刘备打败了夏侯惇，不过是让曹操吃了个苍蝇，对曹操的实力基本没造成致命损害。但这让曹操很警惕，自己侧后方连续出现这种情况，他很不放心。他想起现在和自己玩的几个家伙，不是没实力，就是脑子不够用，摆平他们不难。但对另外一伙人，如果也按照现在这个套路，自己就大大危险了，那就是江东的孙权。

孙权现在手下有部队，又有人才，如果他闹起来，曹操甭想往北边继续走了。曹操以朝廷的名义给孙权下文，让他派弟弟或儿子到许都来。当然不会明说去当人质，只是说共浴龙恩，同享荣华富贵。孙权接到信就明白了，这是曹操对他不放心，让他派人质去。他没法决定，于是把张昭等人请来商量。大家开了大半天会，有的说：“送吧，现在曹公势大，咱惹不起。”另外一派说：“不送，我们为什么那么怕曹操？”双方各说各理，无法达成共识。连张昭都不知道该怎么办了。

孙权想起哥哥说的外事不决问周瑜，于是叫周瑜过来一起去见孙夫人，在路上悄悄告诉了周瑜这件事，并说全权由周瑜来决定。这件事孙权做得真聪明，如果自己拍板决定派弟弟过去，母亲反对就不好了，到时候再修改意见显得没权威。把周瑜叫来，当着母亲的面决定这件事，也免得日后生事端。

周瑜在孙夫人面前分析了送人质和不送人质的利弊。他说："送过去了，封个侯，工资很多，级别很高，但没有实际意义。曹操可以天天向他们发布命令，只要稍微不服，就会拿人质来威胁他们，就如同手脚被捆绑的鸡动不了。至于有人说现在曹操势大，惹不起，这种思维方式是大错特错的。曹操没有来打他们，不是不想打，而是没办法下手。等有一天曹操觉得自己有这个能力了，就是我们亲自到他那儿做人质，他也会打过来，所以送人质只对曹操有利，对他们没好处，不能送。"

孙夫人一听心中大喜，这话太对了。回头交代孙权说："公瑾与伯符同年，小一月耳，我视之如子也，汝其兄事之。"意思是说："周瑜比孙策小一个月，我是把他当儿子看的，你以后得把他当哥看。"既然话都说到这分上了，派人质是肯定不可能的了。

曹操得到这样的回复，心里的感觉可想而知。他心想：等收拾完北方，我就到南方来好好领教一下。于是曹操对袁家兄弟的攻势更猛烈了。

袁氏兄弟连战连败，支撑到建安八年（203）二月，兄弟俩决定在黎阳城下和曹操决战。可惜下定决心不等于就有了实力。这一仗他们不但没取得胜利，反而败得更惨。兄弟俩知道黎阳守不住了，赶紧逃走。曹操一路追赶，把兄弟俩撵到了邺城。

邺城是袁氏集团大本营，城高墙固。再加上袁谭、袁尚已经意识到退到这里是末路，再没有其他地方可去，袁家势力已经到了最危险的时刻，如果再不团结起来，就只能等死。团结就是力量，这一点在这时候显得特别突出和珍贵。于是他们统一了，统一了认识的兄弟俩变得很有力量。这下反而让曹操无计可施，局面就这么僵住了。

双方当然不可能在邺城内外大眼瞪小眼。曹操是何许人也，他不可能容许这种情况发生，要么打，要么退，总要有个选择。那么，曹操到底是选择不惜代价硬攻，还是先休息一下，撤军回去？

攘外必先安内

打不下邺城，曹操一时无计可施，不过他也有收获，比如粮食。这时已经到了春夏之交，城外的麦子已经熟了。曹操下令把麦子都割了做军粮，于是曹军士兵当着二袁的面把城外的小麦统统割走了。等手下士兵吃饱了肚子，曹操又有新打算了。他分兵攻打其他小县城。打邺城没把握，打其他小县城还是小菜一碟。但是不管是割小麦还是打小县城，邺城始终是这一战的核心，只要这个城市还在袁家兄弟手上，这胜利就不算彻底。

这时曹操阵营里出现了很多声音，斗志满满、自信心爆棚的将领主张加大攻击力度，一鼓作气拿下邺城。如果不趁势打下来，以后辗转作战实在太辛苦，几乎所有人都赞同一举攻克邺城。只有郭嘉不同意，他对曹操说："主公，以前袁绍喜欢两个儿子，既想让这个当接班人，又想让那个当接班人，可是到他死的时候都没能决定下来。现在这两个小子的权力和势力差不多，各有各的班子，正准备展开权力之争。当前情况危急，他们不得不团结起来和我军死磕，如果给他们创造一个比较宽松的外部环境，他们会立刻着手解决内部矛盾。内部矛盾一旦公开化、透明化，就只剩你死我活了。那时我们再出手，不费力气就可以摆平了。现在我军不如南下直取荆州，荆州才是我军最大的隐患。”

对待“鬼谋”出的主意，曹操向来是非常认真对待的。仔细考量一番后，曹操决定依计而行，先退一步。做好部署以后，曹操率军回师许都，只留下部将贾信留守黎阳，安稳边境。

历史再次证明真理掌握在少数人手里。曹操撤兵后，袁家兄弟开始闹腾。真的不是一家人，不进一家门，袁谭、袁尚继承了父辈的“优良传统”，当年袁绍、袁术互相诋毁，互相攻杀，现在他们也开始兄弟相残。

曹操退兵没多久，袁谭就坐不住了。他觉得这些日子以来被曹操打得屁滚尿流，受够了气。现在曹操要撤军了，当然应该趁机追上去，于是他就来找袁尚。他说：“现在曹操撤退，应该趁他们没有完全渡过黄河的时候出兵追击，把他们彻底打残。这是最后的机会，不能错过。你我之前之所以打不过曹操，是因为我部下的装备太过落后，老是被动挨打，还请兄弟多多支持。我手下的部将铠甲不行，已经残破不堪，只要我装备好了，立刻带兵出城追击。”其实袁尚刚听到哥哥说这话时也觉得蛮好的，就算曹操老奸巨猾，手下人个个都很厉害，但玩一下敌进我退的游击战术，曹操也是没办法的。可是袁尚又担心哥哥有别的打算，趁机壮大自己来夺权。估计他要铠甲追击曹操是假，和自己打才是真，所以袁尚不给。坚决的态度一如既往，不管袁谭怎么请求，袁尚都不听。看见弟弟这副骄横霸道、不可一世的样子，袁谭憋了一肚子火。回到驻地，谋士郭图、辛评一看，机会来了。

他们觉得有了陷害审配的机会了。这俩人到现在满脑子想的都不是如何打败敌人，而是一门心思内斗，想陷害自己人，于是打算给火上浇点油。

郭图和辛评对袁谭说："主公，告诉你一个秘密。你老爸把你过继给伯父完全是审配出的主意。"袁绍去世后，袁家权柄没有交到袁谭手上是因为袁谭被过继出去了，失去了长子的地位和接班的机会。这是袁谭最不能释怀的一件事情。原本就窝了一肚子火，现在又被郭图、辛评揭开了伤疤，袁谭爆发了。

在这两位高参的挑唆下，袁谭带上队伍向袁尚发起了偷袭。可惜袁谭运气实在不佳，外战不行，内战也很外行。组织技术和偷袭技术太差劲，发兵没多久，袁尚就得到消息，便组织军队迎战。两军在邺城下展开了手足大战。袁谭在气头上貌似忘记了邺城现在是在袁尚的掌握之下，别说邺城了，整个冀州都听命于袁尚。就算他偷袭成功，袁尚战败，也依然有地方可去，还可以组织士兵来打他。袁谭的大本营在青州，和弟弟反目之后，可没地方可去了。粮草没有着落了不说，兵力得不到及时补充，过不了多久，袁谭就会因为后续无力而败亡。

混战一场后，袁谭先顶不住了，大败之后，只能收拢残兵败将退到南皮等待青州援军。青州的援军真的很快就到了。袁谭手下有个别驾王脩是个忠臣，他听说袁谭战败，立刻带领本县官吏，并且组织了一支精兵前去支援。看到王脩来得这么快，和青州其他官员形成了鲜明的对比，袁谭感动之余，感叹道："保全我的人，正是王别驾你。"

感动完了，袁谭心思又活络了，手底下多了一支生力军，信心又有了。他立刻膨胀起来，打算转回头再和袁尚打一仗。可王脩却劝他不要。

王脩真正的目的恐怕也不是救援，因为那点兵力实在少得可怜，号称是精兵，其实是正规军队加上地方武装凑起来的。要帮袁谭打败袁尚是很吃力的，更别说对付如狼似虎的曹操。王脩主要的目的是劝谏，让袁氏兄弟和好，共同创业。他说："都是自家兄弟，为什么一定要你打我我打你呢？兄弟乃同胞，是为了团结而生，不是为了自相残杀而生。现在将军要做的不是和兄弟厮杀，而是要把不遗余力挑拨离间的人杀掉，然后兄弟精诚团结，携手抗曹。若是如此，还怕天下不太平吗？"

这话无论怎么看都是对的，可是到袁谭这里就不对了。袁家兄弟做事情都本着攘外必先安内的原则，在他们心目中，有杀父之仇的曹操是可以暂时搁置下来的，而夺位之恨不能有半点马虎，所以袁谭决定还是要回去打弟弟。

这时，青州传来了坏消息。从袁谭大本营传来了一份讨伐他的檄文，这就有点滑稽了。原来之前袁谭被袁尚击败的消息已经传回青州，青州各界大为震动，纷纷表示不可思议，无法容忍。一个叫刘询的部将在漯阴宣布起兵反对袁谭。有时候示范作用是非常可怕的。青州各县听说刘询起兵反对袁谭，大部分也背叛袁谭站到了袁尚一边。其实也不能怪他们，袁尚现在是袁家集团的老大，不管接班的时候有什么矛盾，毕竟他现在是名义上的掌权人、北方四州的首长，如果袁谭和袁尚合作得好，青州官员可能还会为袁谭感到不值，心里倾向于袁谭。可是袁谭主动出兵打弟弟，性质就完全不同了。

看见自己后院起火了，袁谭这才觉得之前的决定太过草率，前景不容乐观，也不敢再去打袁尚了。可是你想收手，别人未必乐意。袁尚越想越生气，这回轮到他出手修理哥哥了。

向仇人求救

建安八年（203）八月，冀州各郡县精兵集结完毕，袁尚亲自率领兵马攻打袁谭。袁尚这边是精兵猛将，袁谭那边如丧家之犬。袁谭没有胜算，没多久南皮就丢了，退到平原，这里也是袁谭最后的根据地。袁尚当然不愿意放过哥哥，又把平原围得死死的。本着斩草除根的原则，袁尚立志把哥哥送到阴曹地府。

袁谭当然不会坐以待毙，他心里很清楚，如果再没有外援，迟早会被困死。可是外援在哪里？虽然全国各地到处都有牛人，可是此前自己没和这些人打过交道，一点外交关系都没建立过。现在临时抱佛脚，腆着脸问别人要援军很难如愿。人被逼急的时候，总是容易走极端。袁谭心一横，牙一咬，也不计较曹操和自己有杀父之仇了，决定向曹操求援。

袁谭派遣特使到曹操那里去求援。这特使叫辛毗，是谋士辛评的亲弟弟。他到了曹操那儿，却没帮着袁家兄弟说话，相反直接投靠了曹操。

袁谭向杀父仇人求援对付亲兄弟，而辛毗作为特使却当了白眼狼。这情节真是狗血，如果不是正史，真要表扬一下编剧了。

这时候曹操在忙什么呢？

曹操正按郭嘉的计策南下攻击刘表。刘表虽然没什么大志向，但是守城还是绰绰有余的，曹操想一口气打败他也没那么顺利。

看到袁谭过来求救，在救和不救的问题上，曹操的态度是很暧昧的，或者说他自己也不知道到底应该怎么做。没办法决断就找人商量，于是前敌会议又召开了。部下们商量到底是先打刘表，还是先救袁谭。大家纷纷表达了自己的意见，大部分部将认为刘表是目前的主要敌人，至于袁家兄弟相争，就让他们自相残杀，互相损耗实力，坐山观虎斗岂不是更妙？曹操心里也挺认可这个观点，等他们兄弟俩打得筋疲力尽了，自己坐收渔翁之利岂不是更好？

但是荀攸反对，他说："主公，现在天下大乱，正是各路豪杰扩大自己事业的最佳时机，刘表盘踞荆州这么多年，坐守江汉之间，这里本来是开创个人事业的风水宝地，他却啥也没干成，只是守着现有领地，对天下形势麻木得很。可想而知，此人没什么远大理想，完全不必把他当回事。但是袁家兄弟就不一样了，现在北方四州还掌握在他们手里，袁绍以前在四州还是很得民心的，袁家在北方的人气很高。如果袁家兄弟团结起来，守住祖业应该不是难事，但这对我们来说就不是好消息了。现在二袁相争，固然是自相损耗，但若袁尚吞并了袁谭，将各郡县势力集中起来，到时冀州就会成为铁板一块，要想夺下来就难上加难了。而今二袁相持不下，闹得难解难分，我们趁机迅速进军，一战足以平定北方。"

荀攸的意见和其他部下的意见正好相反，在当时的情况下，这两种观点都有道理。

假设曹操先打刘表，在这个过程中，无论是袁谭还是袁尚都没有实力增援刘表，他们也没可能自我做大做强，等曹操收拾完刘表，照样能收拾袁家兄弟。反过来说，如果曹操先解决袁家兄弟，胸无大志的刘表同样不会增援那兄弟俩。后来的史实证明，历史确实就是这么发展的。对于曹操来说，他做哪个决定都没大毛病。

曹操听了荀攸的话很高兴，当场表态说："就听你的。"辛毗把袁谭求救的消息跟曹操说了以后，听说曹操乐意这么做，辛毗的心才算放下了。可是过了几天，他发现曹操没有进一步表态，估计事情有了变化，于是赶紧去找郭嘉。

郭嘉这才知道曹操改变主意了，又觉得先打刘表比较好，可以让袁家兄弟继续自相残杀，等双方闹得差不多了，他再回军打他们。辛毗吓了一大跳，虽然他不太看好袁谭，投靠了曹操，但是他哥哥辛评还有所有家眷都在袁谭手里，如果袁谭知道他没能完成任务，还投靠了曹操，非把辛家全家杀了不可。辛毗目前最急切也最渴望的不是曹操收了自己，而是曹操出兵救袁谭。如果出兵晚了，袁尚弄死袁谭也就算了，辛家人也得跟着受罪。这不是危言耸听，袁家两兄弟为了利益，啥事都干得出来。辛毗赶紧找郭嘉，请他务必说好话。

辛毗和郭嘉是什么关系？怎么能找他来走后门？他们不但是旧友，还是老同事。郭嘉出道的时候投靠的主公不是曹操，而是袁绍，辛毗和郭嘉在袁绍手下共过事。郭图、荀攸、荀彧、郭嘉、辛评等人虽然各为其主，但都是老乡，都是颍川名士，都是吃谋士这碗饭的，公事是不会影响到他们的私交的。举个简单的例子，诸葛亮兄弟俩不也在两个不同的阵营里吃谋士饭吗？三国时期，这种错综复杂的人际关系太多了。听到旧友来托自己，郭嘉也没二话，就去找曹操了。

曹操平时最器重的谋士就是郭嘉和荀攸，对他们的话虽说不是言听计从，但只要他们说了，曹操没有不认真考虑的，这次也不例外。况且辛毗也是颍川名士，曹操早就听过他的贤名了。这样的能人扔到敌人阵营里实在太可惜了，曹操还想把辛毗变成安插在袁谭军中的内线，于是亲自接见了辛毗。能够亲自接见辛毗，至少说明在曹操心目中，对袁谭求援这件事情不排斥，那就万事好商量。

曹操问："袁谭真有那么可信吗？我若出兵，能不能一仗打败袁尚？”辛毗不愧是名士，口才好得很。当下就把局势分析给曹操听，他的回答让曹操很满意。这番话史料上有记载，大概是说：“袁家兄弟相争与他人无关。但想来袁家兄弟也不知道这会让别人趁机利用。如今袁谭来向您求援，说明已经走投无路了。而袁尚见哥哥陷入困境却不能一举拿下，说明袁尚也是强弩之末。袁家兄弟目前的形势是对外连连战败，对内兄弟反目，连年征战，加上河北连年旱灾、蝗灾，老百姓都认为这是老天爷要灭亡袁氏的征兆。如果您现在出兵攻打邺城，那里是袁尚的老窝，他是无论如何都要回救的。袁尚一撤，袁谭自然会追上来。您的力量加上袁谭的夹击，袁尚还有活路吗？到那时，您平定河北就是轻而易举的事了。”

袁谭的特使不但把主家给卖了，还帮敌人谋划好了策略，真是让人崩溃。曹操一乐，说辛毗说得很对。经过郭嘉、辛毗、荀攸三方出谋划策，曹操当即拍板，立刻停止对刘表的军事打击，回师北方直取邺城。先打袁尚，彻底解决北方四州，正好袁谭又喜欢引狼入室，那曹操就不客气了。

袁谭也有自己的算盘，他是想利用曹操打败兄弟，自己坐收渔利，有这种想法就说明他很傻很天真。曹操此刻正在下一盘很大的棋，以增援为名，干掉袁尚，拉拢甚至是收编袁谭，最后一揽子解决问题。一句话，曹操要的不只是冀州，而是北方四州。

战争就是流血的政治，非常残酷。建安八年（203）十月，曹操再次北渡黄河，大军进驻黎阳。

第六章

政治世家的衰亡

政治联姻

接受了谋士的意见，曹操停止了对刘表的军事打击，回师北方。刘表真是一个让人痛心的庸人，放着大好前程不去争取，偏偏要碌碌无为地在荆州当一天和尚撞一天钟。曹操来攻击他，他被打急眼了，想起了已经死去的盟友袁绍。当然这时候他也能体会到袁绍在官渡之战中久久等不到他出兵支援的感觉了。刘表认为，虽然袁绍不在了，但他的儿子们还在，当初的盟约还不算失效。他看袁家兄弟现在杀来杀去，比敌对势力决战还激烈，就分别给两兄弟写了信，劝他们不要再这么打下去了，以长辈的视角向他们说明先合力对付曹操才是正道。

写这封信，不是说刘表有胸怀天下的战略全局观，而是他明白，如果北方的袁家势力彻底完了，曹操就会全力来对付自己。这时候刘表比袁家兄弟的老妈还希望两兄弟能团结一致，共同对外。可惜刘表的信在袁家兄弟眼里就是一张废纸，看完就扔了。他们继续整兵，接着打。

幸亏袁谭来寻求曹操的帮助，不然刘表可真要疯了。曹操的军事实力可不是说着玩的。现在曹操走了，按理说，刘表身为袁家盟友至少表面上应该追一下，就算在南方牵制一下曹操军队也好。结果，曹操一退兵，刘表长舒了一口气。什么盟友？对他来说，自己不挨打才是王道，好些天他没正经喝酒了，这回可以喝个痛快了。刘表立刻率军赶回襄阳，喝完大酒睡大觉去了。这样一来，要承受曹操猛烈攻击的就是倒霉的袁尚了。袁尚听说曹操来了，没等他到达前线，就直接撤离了平原县，回了自己的老巢。幸好曹操没有追赶袁尚，他明白，袁尚虽然微不足道，但是袁绍辛辛苦苦挣下的这片家业不好抢。别的不说，邺城这城墙就能让他郁闷几个月了。就在这时候，来事了。

袁尚有吕旷和高翔两个部将。他们可能觉得天天和袁尚玩兄弟相斗没啥新鲜感，于是宣布脱离袁尚跳槽到曹操阵营。对于这种来投降的将领，曹操一向给予优待。因为这些人就是活广告牌，曹操对他们越好，广告效应越好。见曹操对降将的待遇规格这么高，会有人经不起诱惑再来降。

对于吕旷、高翔的跳槽最高兴的不是曹操，而是袁谭。袁谭归顺曹操只是权宜之计，现在危机解除了，他又想起曹操是杀父仇人了，心里怎么可能对曹操感恩呢？曹操出兵没多久，袁谭就开始打曹操的主意了。听说袁尚有两个部将叛变，袁谭觉得这是收买人心的好机会，赶紧私下刻了两个将军印派人悄悄送给吕旷他们，要他们做自己的内应。

这两位也够狠的，转头就把袁谭递过来的信和将军印送到曹操那儿了。曹操一看就明白了，袁谭绝对不是真心归顺，而是有野心的。作为一个老谋深算的政治家，曹操并没有直接和袁谭翻脸，而是做了一件出人意料的事情。他派人对袁谭说：“为了把我们的友谊巩固到牢不可破的地步，建议咱们两家结为亲家。我儿子曹彰快成年了，请你把女儿嫁给他。”袁谭收到这个消息觉得曹操也不是很精明嘛。曹操要的就是这个效果，他就是要麻痹袁谭。看见袁谭犯傻，曹操也就放心了。曹操这一次带着大军山长水远地过来，不是想学雷锋做好事，是要为自己谋福利的。曹家和袁家联姻，其实就是让袁家兄弟无法联合。

《三国演义》里写的是曹操为了安抚袁谭把女儿嫁给了他。实际上是两人结成了儿女亲家。当然，这也让人笑掉大牙。曹操和袁绍是同辈，袁谭是袁绍的儿子，曹操和自己晚辈的结成了亲家，从叔伯辈变成了同辈。还好，曹操是实用主义者，不在乎名声，而且政治联姻重要的是能达成目的。吕布和袁术联姻也是这样，后来的孙刘联姻也是，刘备和孙坚同辈，结果刘备娶了孙家的小女儿。

现在袁家兄弟不打了，袁谭之围解除了，也到了这年的冬天。打了一年仗的曹操是时候回许都歇歇了，于是他从邺城撤退了。曹操一走，袁尚来劲儿了，他发现曹操并没有向邺城发动进攻，紧绷的神经松弛下来，闲暇之余，又挂念起远在青州的袁谭。外敌不见了，兄弟还是应该继续掐架。

建安九年（204）二月，刚过完年，冀州又迎来了一场战争。考虑到上一次和曹操作战自己没讨到什么便宜，甚至可以说是失败的，这回袁尚希望捞回面子，决定打到青州去干掉哥哥袁谭，再回来和曹操决战。

自古以来两线作战都是兵家大忌，军事名家都想方设法避免，偏偏半桶水的人觉得自己不可能陷于危局，一定能处理好，来冒这个不该冒的险。袁尚根本没有多少作战经验，却非常自信地认为自己的才干能够超越曹操和袁谭，超越胆小怕事的军事家。

他派审配和苏由守邺城，自己带兵到平原和哥哥切磋。自信过了头，其实就是愚蠢。去年年底曹操回军，不是去睡觉了，也不是去找乐子了，而是瞪大了眼睛在寻找战机。袁尚一走，他的机会就来了！

袁谭又一次被打得溃不成军。危急之中，他继续找亲家曹操求援，曹操还是很给亲家面子的，毕竟有利可图。接到求援信后，曹操没有犹豫，第二天就调集军队和粮草出征北伐。曹操之所以对袁谭这么上心，是因为袁家兄弟的争斗能让他从中获得巨大利益。

袁尚带着精兵去进攻袁谭，后方十分空虚，这时曹操直接带兵到邺城把袁尚的老家给抄了，不是更好吗？这可不是围魏救赵，而是灭了魏国，再灭赵国，两不耽误。但是邺城城高墙厚，还有审配和苏由联合留守，即便城中兵力不足，也不是说打下来就打下来的。

胜利的天平在这个节骨眼上又一次向曹操倾斜了，出现了黑天鹅事件。谁都没想到，守城大将之一苏由的思想出问题了。苏由和很多袁家将领一样，看着袁家兄弟把内斗当成必修课，对这种亲者痛仇者快的行为感到厌倦，觉得再跟着他们混只有死路一条，于是打算向吕旷、高翔学习，炒袁家鱿鱼。苏由派出特使，悄悄出城向曹操投降。并且约定只要曹操来，立马开门放行。这个计划可谓天衣无缝，毒辣得很。只要能成，邺城基本就毁了。如果邺城落入曹操手里，袁家基业也就毁了，袁尚无处可去必然被灭。他一死，袁谭也就是砧板上的肉，曹操什么时候想剁随时可以剁下来。可计划没有变化快，这个方案眼看就要成功时，却出现了转折，计划被泄露了。

撬袁家的墙脚

曹操马不停蹄地攻城，因为在城内有内应。不过苏由并没有为曹操贡献多大力量就溜出来了，因为消息泄露了。曹操的人还没到，审配已经知道苏由的计划了，审配可是老牌的守城专家，苏由的一举一动早就被他的侦探查得一清二楚。当然，苏由也不是傻瓜，在审配还没动手之前，他的密探也汇报了这件事情的进展，苏由第一时间知道事情败露了，只好直接出城投奔曹操，好好的一个计划就此泡汤了。

当然对曹操来说，甚至对于审配来说，苏由事件带来的损失并不大。曹操不过是多养一个人，审配也不过是少了一个酒囊饭袋。现在曹操的智取只能变成强攻了。但是邺城是冀州治所，袁绍在这里苦心经营多年，城防十分牢靠，用常规的方法攻城效果并不好。也许在官渡之战中袁绍的土山地道战让曹操受到了启发，他下令大军到城外组织土木工程，上修土山下挖地道。一夜之间，邺城外由战场变成了工地。曹操还特别强调，城外的土山必须比邺城城墙高，建成以后让手下弓箭兵到土山顶上为城里的袁军兄弟站岗放哨，高兴了就往城里射几箭。除了在土山上放冷箭，曹操还把攻势延续到地下，让人把地道一路挖进城里，准备来个出其不意。这可是立体式攻势了。当初袁绍正是用这一招在官渡前线让曹操吃尽苦头的。现在曹操的对手是审配，他打算把这个战术发扬光大，以其人之道，还治其人之身。审配虽然没经历过官渡之战，但毕竟是老江湖了，心里早有准备。他想：你挖地道，我在城里横着挖一条沟阻断你的地道，看你怎么办。于是双方你来我往，较量十分激烈。

到了四月，曹操一看进攻还是没有多大进展，于是指挥军队在外围构筑好工程设施后，把最简单的攻城任务交给了曹洪，自己负责扫除邺城外围军事力量。在冷兵器时代，所谓的围城攻坚战，只要没有特殊情况，攻城方面的军队总是会先缓一缓，和城里的守军耗一段时间，城里只要没了粮食，士兵吃不上饭，即便是再威猛的战士最后也会被饥饿活活拖垮。所以曹操扫除外围军事力量的第一站就是把各郡县的粮道切断。其中，毛城是个重要据点，是上党郡向冀州各县运粮的必经之路。曹操只要占据了毛城，袁尚运粮的队伍就在曹军的掌握之下了，到那时是烧是抢，就看曹操心情了。占了毛城，就等于把冀州守军的粮草供应彻底掐断了。

袁尚想的是只要保住粮道就可以坚守邺城到海枯石烂。从这个角度看，他和袁绍一样表面上也很重视粮草问题，也知道毛城是重中之重。所以他出征袁谭前他还专门留下了武安县县长尹楷率军镇守此地，以保证粮道通畅。只是虽说重视，实际上却没投入多少资本。尹楷怎么可能保护得了从并州到冀州这么长的后勤补给线，怎么可能抵挡得了曹操如狼似虎的抢粮大军？

虽然尹楷也没有辜负袁尚的一片厚望，曹操大军杀到的时候他没有投降，亲自镇守毛城。但努力不努力是一回事，成不成功又是另外一回事。曹操的力量太过强大了，当年袁绍带十几万大军都奈何不了他，何况一个小小的县长。没过多久，毛城被攻破，史料中没记载尹楷的下落，或许是率军死战阵亡了，或许是城破的时候逃掉了。

攻破毛城后，曹操没有犹豫，立刻回师转攻邯郸。在没有任何支援的情况下，邯郸也只能落得个被曹操肆意蹂躏的下场。这样一来，幽州和冀州的联系也被切断了。几仗打下来，曹操军威得到了有效宣传。冀州很多县令为了避免被曹军践踏，纷纷献城投降，比如易阳县令韩范、涉长梁岐就是这样的明白人，他们知道袁家已经是垂死挣扎，没有再跟他们的必要了，于是积极投降，把县城献给了曹操。

这时徐晃对曹操说："主公，现在袁家兄弟还有抵抗能力，冀州各郡县的官员们都在观望，有些想投降，又怕投降了得不到什么好处。在下建议隆重地开个表彰大会，大力表彰先投降过来的人。"曹操一听，这是个好主意！

韩范、梁岐是比较早选择投降的地方长官，曹操把他们封为关内侯，当成移动活广告。这一招果然让那些正采取观望态度的人改变立场弃袁奔曹了。最让曹操高兴的是张燕的态度也软化了，派使者来见曹操，表达了投降的良好愿望，并强烈请求去攻打袁尚。

张燕是黑山军的首领，以前是公孙瓒的人，后来投靠了袁家，有一定的实力，应该算是袁家最得力的外援了。他换招牌，对于袁家的打击是不言而喻的。

这样大的军事巨头来降，曹操喜出望外。于是他利用职务之便，给了张燕一个平北将军的官位。当然这个官位是纸面文章，算是做个样子。曹操对冀州过来的人，不管是实力派还是反对派，一律给予高官厚禄。短短一个月，曹操在冀州的形象就来了个 180 度大转弯。以前冀州人都说曹操喜欢屠城，喜欢杀人，可是现在怀柔政策让曹操的形象和蔼可亲起来。

消息传回邺城，连原来被视为铁板一块的审配的部下都受到政策感召准备投降，甚至邺城城门都被打开了，曹军士兵拥进去好几百人。但是这些人的运气实在不好。他们碰上的是审配，审配一声令下，城楼上的士兵用巨石乱砸，把已经打开的城门堵死了。城里城外的士兵失去联系，那几百人变成了孤军，很快就以身殉曹了。

立体作战不行，卧底也不管用，看起来还是得曹操自己来。曹操将外围军事力量扫清后，率军返回邺城亲自督军围城，还下令把之前修筑的土山和地道给毁了。曹操心里有了一套全新的作战方案。

飞越包围圈

曹操下令大力开挖露天壕沟，包围邺城。这个工程也相当庞大，足足挖了四十里长。最初曹操害怕审配会沉不住气趁自己督造壕沟的时候率军出击，所以吩咐手下士兵把壕沟挖浅一点、窄一些，宽度跟排水渠差不多。

审配很有责任心，每天都会亲自到城墙现场办公。看到曹操又在城外搞新的工程，一开始还是蛮担忧的，天天盯着曹军，看着看着心中的大石放下来了，他认为曹军的壕沟又浅又窄没什么用，既然这样就不用担忧了。

于是审配任由曹军挖沟，没有搭理。从这一点来看，他也不算是聪明人。

曹操毁掉土山和地道，挖看上去没有什么用的壕沟，更使审配坚信，曹操早已方寸大乱。这样一来，审配自从城池被围那一刻起就紧绷的神经彻底放松了。

曹操的工程很快大致成形了。某天夜里，他命令全军出动，连夜把壕沟挖成了深两丈、宽两丈的深壕。审配看到之后大呼中计，除了痛骂曹操奸诈，不禁对守城的希望又淡了一分。谁知曹操还有后续服务，壕沟挖好后，又挖了一条直通漳河的沟。

曹操这是照搬当初打吕布时围攻下邳城的做法了。上次是水淹下邳，这回是水淹邺城。一夜之间，一条浅沟变成了又深又宽的护城河，邺城就此被完全孤立。

既然无法打赢攻坚战，那就打持久战，曹军就是要慢慢困死袁军。当然这么做不会先困死士兵，先受伤的是老百姓。史料记载，邺城里断了粮食，很快就发生了大饥荒，接着有人饿死，然后是大批人饿死。不久后，城中一半的老百姓都没了。

曹操是个善于用兵的人，为什么在邺城耽搁了这么久？这就是曹操的过人之处了，这是他的指挥艺术。曹操对邺城本没有太大兴趣，真正感兴趣的是袁尚和他手下军队的主力。包围邺城是在做诱饵，是想把袁尚军队引过来，围而歼之。拿军事术语来说就是围点打援。邺城是袁尚的大本营，他的妻儿老小都在这里，因此邺城是袁尚不可不救的城池。

到了这年七月，袁尚终于明白了，邺城危险了，如果邺城被曹操拔掉，就算自己把老哥打死了也没有任何意义。袁尚慌了，顾不上和袁谭纠缠，急急忙忙率领一万多精兵回军救援。

曹操开始围困邺城的时候，在平原前线厮杀的袁尚还是有点慌的，但因为邺城由审配坐镇，他比较放心，毕竟审配守城的经验有口皆碑，所以他没有立即回师救援。现在邺城眼瞅着扛不住了，袁谭吃了几记重拳也不敢吭声了，袁尚迅速回救。虽然心里着急，但路还是得一步一步走，这点基本常识袁尚还是有的。他为了增强城内守军士气，让审配知道自己已经在赶回去救援了，先派主簿李孚进城去见审配。但现在的邺城已经被曹军围得水泄不通，想进去很难。袁尚这回还真是找对人了。李孚真像特工一样，奇迹般完成了这个光荣而又艰巨的任务。

李孚知道想硬闯不可能，他先把路边树枝折下来做成一副打人的刑具，然后把自己打扮成威风凛凛的武官，带上三个骑兵出发了。趁着黄昏，李孚他们穿上曹军衣服大摇大摆地进了曹军阵地。进入军营以后，他自称是领导派来的都督（主管军队纪律的官员），是来严查下属军容军纪的。就这样，李孚从邺城北面一直往东走，一路上不断批评这个，批评那个，居然没有任何管事的将领来过问，他顺利从城北到了城南，途中还经过了曹操大帐。哪怕是来到这里，李孚也没有收敛的意思，依然面不改色，拿出都督的派头故意对着邺城正南方向大声责骂守城将士，甚至把士兵捆了起来。

曹军士兵一看，他敢在曹操大帐前执行纪律，更加深信不疑，认定他是都督。李孚却是不慌不忙仔细观察着，一路走来，北门、东门围得都十分严密，南门相对比较松懈，比较容易通过，所以绑那些曹军士兵也没错。李孚决定就从这里进城，把曹军士兵绑好了，便大摇大摆地向邺城南门走去。走到壕沟附近，见到了正在挖沟守卫的曹军，李孚又是一通怒骂。骂够了，再次下令捆了几个倒霉的曹军士兵。士兵哪会想这么多，再加上黑灯瞎火的根本就看不出什么，还真以为他是曹操派来的都督，纷纷上前巴结讨好。

戏演得差不多了，李孚决定办正事，瞅准壕沟比较狭窄的地方，一挥马鞭，战马嘶吼一声跳了过去。李孚一路疾驰跑到城下，向城上大声呼喊。守军一听是自己人，赶紧扔下绳子，又放了篮子，李孚坐在篮子里被士兵拉了上去。

一开始审配还半信半疑，一看真是自己人，心中悲喜交加。守军早已经被守城任务耗得东倒西歪，看到李孚，感觉好像袁尚已经打回来了一样，惊喜不已。

袁军士兵高兴了，曹军士兵却觉得丢脸。李孚假扮都督在军营里吆五喝六趁机入城的事儿很快就被汇报到曹操那里了。将领们都说太丢脸了，可曹操笑着对部将说："李孚看起来是个聪明人，他既然能顺利入城，必然还会再出来，等他出来再讨回颜面不就行了吗？"不管是曹操还是曹军将领们都相信，城围得死死的，他想出来，恐怕很难。

李孚确实要向袁尚复命，但是他也清楚，出去的难度更大。再假冒曹兵出城等于送死。但他用行动再次证明了世界上没有做不到的事，只有想不到的办法。城里的粮食不是已经快吃完了吗？为了解决吃饭和突围问题，李孚出了个主意，让审配将城中的数千饥民遣送出城，这样一来，可以为城里节省口粮。审配觉得很有道理，于是挑选了几千饥民，加上老弱病残的士兵，让他们高举白旗从三个城门同时向曹操投降。李孚和那三个跟班也换上平民衣服混杂其中。

曹操虽然对袁军发了狠，但对前来投降的老百姓没多少兴趣，饥民对于曹操来说是负担，所以曹操挥挥手让他们赶紧走。于是李孚又一次飞越包围圈，成功虎口脱险了。

回攻邺城

袁尚来救邺城，想和审配在晚上来个内外夹攻，没想到计划落空，反倒把曹军士气打了出来。审配被击退，袁尚被迫退到漳水河边。袁尚比审配还惨，审配还可以缩回邺城，袁尚只能选择不停地退，实在撑不住了就选择了一种轻松的解脱方式——乞降。袁尚打哥哥时是很猛的，可面对曹操，心里却怕得要命，眼瞅着对方的包围圈慢慢合围了，他知道自己的水平跟曹操相比还差得远。没怎么见过真正大场面的袁尚毕竟年轻，一看这架势，心里先凉了半截。恐惧之下，也顾不得什么了，保命要紧，于是他派遣使者对曹操说愿意投降。

曹操一向是很喜欢对方投降的，对双方来说都省时省力，但是对袁家兄弟俩的把戏看透了，厌恶至极。之前在他们兄弟之间玩平衡术，只用六成功力对付他们，让他们内斗，在他们斗得筋疲力尽的时候才出击。现在袁尚已经溃不成军，别说是和曹操对抗，连与哥哥袁谭对抗的能力都没有了，两兄弟的平衡已经被打破，袁尚还有什么利用价值？可以让他退出历史舞台了。

这时候如果是袁尚的某个手下举着白旗跑到曹营大叫投降，曹操当然是乐意的，可袁尚就不行了。曹操断然拒绝了他的要求，随后下令部队尽快部署，以最快的速度把包围圈收拢，向袁尚发起猛烈总攻。

面对曹军如潮的攻势，袁尚知道，如果死守军营，等到包围圈合围，就没活路了。退一万步来说，就算奇迹发生，有援军可以救自己，远水也解不了近渴，曹操就在面前。关键时刻，袁尚学习老爸跑路保命要紧，趁着曹军还没合围，连夜率部突围了。

一路跑到祁山实在跑不动了，他太累了，先是马不停蹄地回援邺城，然后被曹操追击，退到漳河边扎寨，现在又马不停蹄地被撵到了祁山。他想在这里安营扎寨，然后死守，可是饭还没做熟，曹军就追了上来。还没等袁尚反应过来，曹军又开始合围包抄。这下不但袁尚受不了了，士兵们也要崩溃了。袁尚手下两个部将马延和张顗先顶不住了，公开宣布向曹操投降。曹操当然是欣然接纳，这个示范效应太要命了，袁尚全军开始崩溃。部将可以向曹操投降，但袁尚不行，他战又不能战，只能全线溃败。

袁尚只能像丧家犬般看准时机逃跑，没等曹军来追击，他已经跑出了重围，一口气跑到了中山，当然跑到这儿也没算完。

曹操这一战缴获了很多东西，事后献给汉献帝的奏章里描述了这次战斗的情况。收拾完了袁尚，曹操没犹豫，回军邺城对付审配。

如果说刘备善于藏心术，曹操就擅长攻心术了。他知道邺城守军能够扛下来的一个主要原因是还效忠于袁家。既然这样，曹操就把这心理防线彻底撕破。他派遣人马把缴获的袁尚的印绶、官服拿到邺城外搞了个成果展览会，让士兵们向城楼上大声喊："你们主公已经完了，你们还死撑什么？你们为哪个打仗？赶紧投降，我们主公善待俘虏。"

邺城守军开始绝望了，被困在绝地的士兵最大的希望就是援军和补给，现在援军只出现了不到一天时间就被曹操彻底打垮。袁尚不知所踪，守军内无粮草外无援军，还靠什么支撑下去？

其实这时候审配的心情比守军还要沉重，但他作为邺城守军主将，不能把情绪表现在脸上，即便天塌下来了，也要坦然面对。审配的意志真不是一般地坚强，袁尚的家当都快输光了，他还能给士兵们加油打气，要大家咬牙坚持，等待奇迹出现。审配对他们说："现在曹军已疲惫到极点，二公子袁熙的幽州援军已到半途，我们不愁没有主公。"一般处于这种情况，说这几句不靠谱、不着调、全凭想象的话是鼓舞不了士气的，但从审配嘴里说出来效果就不一样了。他从来都是实干家，守城的日子里，他每天都和士兵一起吃、一起睡、一起工作，有事没事就到城墙上转悠，和下属们打招呼。时间一长，邺城守将们失去的士气回来了。经过审配的领导，守军不但没有因为袁尚的战败而沮丧，相反在作战上更凶猛了。此时，又发生了一件事，差点扭转了战局。

审配的观点是对的，战争总是充满偶然性。曹操一方面觉得冀州已经在自己手里了，心情超级爽；另一方面又因为邺城久攻不下有些着急。有一次他带了几个侍卫到城池附近观察敌情，也是出来显摆。说来也巧，他一出来正巧被城上巡视的审配看见了。审配是袁绍的老部下，和曹操也算旧相识，一下子就认出他来。况且曹操出行和其他将军出行时的车马旗帜完全两样。于是审配悄悄调集强弓手来当狙击手，等曹操进入射程之后放箭。曹操不知道死神正在向自己走来，还在闲庭信步。审配估算着曹操步入了射程之后，下令放箭，箭雨之下，曹操几乎变成了第二个孙策。可是历史这个编剧没打算这时候带走曹操，他居然毫发无伤。也许是因为身边的卫士拼命抵挡，也许是有人心甘情愿为他当人肉盾牌，总之曹操福大命大，愣是从这次偷袭中活了下来。

看来曹操统一北方的原因，除了后人总结的种种，还得加上两条：一是身手好，二是运气好。如果不是身手好，恐怕他早就被败军砍死了；如果不是运气好，在汴水、宛城战斗中也得死好几回。如果这次审配运气好，真把曹操射死了，历史就是另外的版本了。

机会往往只有一次，失去了就不会再来。既然这次没弄死曹操，双方就得接着打。曹操不死，城里人就得死。大家都知道，曹操很喜欢屠城，这次应该也不会例外。

后人对曹操的屠城有正反两种观点，争论极为激烈。曹操打仗有个政策：围而后降者不赦，以示威天下。也就是说，投降得趁早，打不过才投降就是死路一条。

这种政策和接受别人投降后大张旗鼓地表彰是一个道理。先过来的是乖孩子有糖吃，死磕到底被抓住的是熊孩子，得打屁股，打屁股也就意味着杀头。这么做，曹操能在以后的战争中给敌军一种定式思维。这也是那么多敌人不战而降的原因。不肯投降的人视曹操为恶魔，听到他的名字腿都软。这种心理战的作用胜过千军万马强攻。对于这一点，邺城守军也是清楚的，军心开始动摇了。这时，任凭审配怎么做政治思想工作都不管用了，人都是很现实的。曹操实力在那儿摆着，袁家主公都跑了，他们还在为谁当炮灰？普通士兵这么想想也就算了，更要命的是，审配身边的人也开始不守规矩。没过多久，他的一个亲戚就把他出卖了。

审配之死

这一年的八月，审配守城已经半年多了。这半年时间里，他完全处于劣势，依然能坚持这么久，其组织能力、毅力确实值得称赞。然而现实是残酷的，光有毅力还不行，物质上也得有保证。自从曹操挖战壕围城后，城里守军就没吃饱过，到最后，储存的粮食已经全部吃光了，吃顿饭是守军遥不可及的梦想。即便到了这时候，审配依然咬牙坚持，他知道，所谓“二公子袁熙即将带援军来救”是瞎编出来哄人的，骗得了别人，还能骗得了自己吗？虽然知道身陷绝境，但在审配的心里始终没有一个令自己屈服的理由。他要把骨子里那份刚烈和率直坚持到生命的最后一刻。

审配的刚直当然值得肯定，他不是一般人，但不等于别人都不贪生怕死。毕竟在这么艰险的情况下，也许有人就在精神崩溃前的一刻屈服了。那时候他们心中的一切道德已经被求生的欲望掩埋。客观来说，没必要怪他们，这些人只是单纯想活下去而已，这是本能。审配是百分百的强硬派，但其他人的意志已经开始崩溃了。八月初的一天夜里，没有月光也没有星光，邺城东门下亮起了诡异的火光，是曹军进城的火把。

曹军怎么能进得来？因为有人带着求生的欲望趁夜打开东门放曹军入城了。负责守东门的是审配的亲侄儿审荣。他是东门校尉，已经完全丧失信心，觉得老这么下去就是吃完苦头后再丢命，所以下令打开城门放曹军入城。审配打死也想不到自己的侄儿居然是第一个投降的，而且是在最关键的时刻、最关键的地点。

夜色中，审配无法分辨到底是谁背叛了自己。但显然他早就预料到自己的结局了。他只能立刻率军做最后的抵抗，和曹军巷战。结果可想而知，如狼似虎的曹军很快扫平了抵抗力量，审配被迫跳到井里躲避。不过，在跳井之前，他下达了一条命令。

当初袁谭被打得落荒而逃，只带上了心腹谋士郭图、辛评，心腹辛毗全家被审配打入了大牢。审配在袁家集团里是小圈子成员之一，如果在和平时期，或许也是一个钩心斗角的小人，在权力场上翻手为云、覆手为雨。但是在大是大非面前，他的脑子还是非常清醒的。他痛恨郭图、辛评等人导致袁氏兄弟互相争斗，把偌大一个冀州搞得四分五裂，特别是听说辛毗出使曹营居然投降了，更是义愤填膺。看到邺城已破，自己逃不出去，在避难之前下达了最后的命令，把已经被收捕入狱的辛毗全家杀光。

辛毗也挺可怜的，他投降曹操一方面是觉得曹操大腿粗，另一方面也是希望曹操能救自己全家。可是就在这一夜，他的梦想破灭了。

审配率军队和曹军激战一夜，最后寡不敌众，全军覆没，审配被曹军生擒，邺城大战就此落下了帷幕。

曹军破城，辛毗立刻到监狱去救人，可惜他看到的只是成堆的尸体。悲愤交加的辛毗无可奈何，只能恨恨然回大帐。半路上他见到了被抓的审配，仇人见面分外眼红，辛毗怒从心中起，恶向胆边生，二话不说，抡起马鞭就向审配的脑袋抽过去，一边狠狠地抽，一边破口大骂，“今天你死定了。”审配被捆得结结实实，根本不能还手，只能瞪着眼睛怒骂辛毗：“就是因为你们这些人，才把冀州给毁了。我恨不能亲手剁了你。就凭你，能决定我的生死吗？”审配说得对，辛毗当然无权决定审配的生死。

审配的脑袋是继续长在身上还是挂在城门示众，决定权捏在曹操手里。审配一路和辛毗对骂，也一路挨鞭子地到了曹操的大帐前。曹操听说抓住了审配，亲自出来接见，一开始还板着脸说：“你可知今日是谁人开了城门吗？”审配答不知。曹操说：“是你的亲侄儿审荣。”曹操这么问其实是打算击垮审配的信心，让他彻底崩溃。果不其然，审配听了脸都白了，仰天长叹：“小儿不足为用，才使我到今日之地步。”

看审配这个样子，曹操觉得有戏。他一直蛮喜欢审配的，一来是老熟人，二来这个人的刚直率真不是常人能比的。审配对袁家的忠心假如能够转移到自己身上，就多了一个可用之才。所以看见满脸失望的审配，曹操缓和了脸色打算把气氛弄得轻松一点，就开玩笑似的说：“前些日子我视察前线的时候，你布置的弓箭可真不少。”如果曹操想报仇，是不会这么说话的。像辛毗那样想报仇的人必然会说：“你射不死我，今天看我怎么弄死你。”曹操这么说，说明在他心中已经把这事给抹掉了。这时候审配说句软话估计就没事了。偏偏审配是个硬骨头，反呛了一句：“我犹恨当日，放的箭少。”被审配一抢白，已经放松下来的曹操反而有些不自然了，但还是勉强挤出笑容说：“其实你我是各为其主，怪不得你。”

曹操真是天下枭雄，被人当众抢白，还能像和长久不见的老友开玩笑一样的口气说话。曹操素来爱才，尤其是对审配这种有节义之人，更是景仰，一门心思想把他收到自己帐下，这才一而再再而三地让步。可惜，审配仰慕的是伯夷、叔齐那样的高洁之士。平日里总有人吹牛说自己节操多么高尚，偶像是多么有情操的人，那只是显摆。审配是真的敬仰，他其实只需要顺势说几句软话就可以保住性命，可是偏偏梗着脖子，昂着头，一副求死的样子。

曹操长叹一声，思考到底应该怎么处理。在这个节骨眼上辛毗来了，他一看曹操是想放了审配，就想：此人杀了他全家，即将获释，他就等于和仇人成为同事。辛毗痛哭流涕，号啕大哭，把审配昨夜杀害自己全家的事情向曹操哭诉，希望主公能够允许自己为全家报仇雪恨，杀掉审配。

一边是梗着脖子的审配，另一边是眼泪鼻涕齐飞的辛毗。曹操心里很乱，脑子飞快地运转。他虽然敬佩审配，但是这样的人如果不投降，再不杀掉，将来必然会给自己制造麻烦。曹操是爱才，但他更顾大局，对敢在自己成功路上下绊子的人，他绝对不会手软。如果不投降，那就是敌人，是敌人就要灭掉。最后曹操下令把审配拉下去砍了。下令的时候，曹操闭上了眼睛，好不容易遇到一个自己欣赏的人，却不得不杀掉，这份痛苦谁能理解。

审配被拖向刑场的时候，凑巧又碰见一个人，这个人叫刘子谦，原来是冀州官员，和审配关系不太好。这家伙看形势不妙，早就投降了曹操，现在算是曹家的部属了。看到即将赴刑场的审配，他得意了，心想：以前我不敢笑话你，现在可有理由哈哈大笑了。于是他把小人得志演绎得活灵活现，特意走上前来，一脸轻蔑地对审配说："今日之你比起我来，又当如何？"话音一落，审配立刻反骂："汝乃投降之俘虏，我是死节的忠臣，我虽一死，也超过活着的你，难道我还羡慕你吗？"刘子谦说不出话了，面红耳赤，灰溜溜地走了。

来到刑场上，审配大声对刀斧手说："我的主公在北面。"说完，转过身面对北方从容受刑就义。

审配的一生说不上多么出彩，在群雄辈出的三国时代，只能算是个配角。但是在他人生的最后阶段，死守邺城，慷慨赴死，是被后人称赞的。试想，连一个"忠"字都无法做到的人又怎么可能爱国、成就大事呢？或许这就是三国故事带给我们的重要精神财富之一了。审配不是个成功的人，甚至连英雄都算不上，但依然让后人肃然起敬。

至此，袁家四大谋士之审配、逢纪、辛评都死了，只剩挑拨离间的郭图还留在袁谭身边，当然这个狗头军师的下场不会比这几位好，他的末日也即将来临了。

哭袁绍

邺城被攻下来之后，按照曹操的风格，直接屠城，许多弱小的生命倒在了曹操的屠刀下。战火中无辜百姓的命运似乎早就注定了，即便不死于曹操的屠刀之下，也可能在围城中活活饿死。残酷的战争中永远是无辜百姓受害最深。邺城一夜之间变成了人间地狱。审配死了，老百姓死光了，袁家很多人也跟着陪葬了。

但袁家的很多女眷活下来了，成了曹军的战利品。在那个年代，妇女只是有价值的物品，是可以拿来交换的。孙策和周瑜攻克皖城后，就分了大桥小桥。这次曹军也不例外，在争夺战利品的队伍中，有个人特别积极，就是当时十八岁的曹丕。征张绣时，他哥哥曹昂战死了，他成为曹操下一个培养对象。所以冲进邺城的队伍里，曹丕在第一梯队。在袁府，他发现了一个二十三岁的美丽少妇，一见钟情，决定要娶她。比起被当成物品的女人来说，这个被曹丕娶来的女战俘算是烧高香了。这个女人姓甄，无名。后世人们根据传说给她安了两个名字：一个是甄宓，一个是甄洛。

问题是这个女人是袁家二公子袁熙的妻子。袁熙还在幽州，曹丕这么做等于是夺人妻子了。这个女人实在是太有魅力了，后世对于甄氏的美貌也是津津乐道。

进城以后，曹操做的第一件事是去看望老朋友。这个老朋友是被自己气死的袁绍，来到袁绍坟前，曹操热泪盈眶。当然也可以说曹操是作秀，占了人家地盘，还把人家气死了，现在抹点眼泪，安抚死者家属。这是表演的需要，也是收买人心的需要。

曹操确实是一个非常复杂和矛盾的人。他一边高高举起屠刀，杀人如麻；一边又感叹“白骨露于野，千里无鸡鸣”，忧国忧民。我更愿意相信这次祭奠袁绍是他发自内心的行为。

早在汉灵帝年间，袁绍和曹操就是少年好友，年少时一起叛逆，年纪大一点后又一起成为“愤青”。曹操多次上书灵帝，直谏宦官误国，袁绍直接与何进谋诛宦官。两人后来因为董卓乱国与关东各郡长官共同举兵反董。被董卓部将徐荣打败后，曹操势单力薄，依附在袁绍羽翼下慢慢成长。到后来，曹操攻袁术、破陶谦，两人在明面上依然是相互援助的好友，但实际上理念已经完全不一样了，之后两人各走各路，渐行渐远。

曹操势力逐渐扩大，这对少年好友势必要在友谊和势力中二选一，两人不约而同地选择了后者。经过官渡、仓亭、邺城三战，曹操毫不留情地将少年玩伴的基业全部蚕食。作为胜利者站在冀州这块富饶的土地上，一面是喜，一面是忧，喜的是自己在北方再无强敌，忧的是自己虽成霸业，却是踩着少时朋友的尸体走过来的。

来到袁绍坟前，曹操百感交集。坟墓里躺着的是和自己一起长大的朋友，曾经一条战线上的战友，也是后来战场上水火不容的敌人。这一切都是战争造成的。

这一刻曹操也许在想，自己也离死不远了，正如袁绍，生前抢夺天下，死后不过占地六尺。曹操突然想起了老家谯县，想起那条河，想起当年自己和伙伴们在河边嬉戏的快乐，也想起母亲离去后他孤独童年里陪伴他的蚂蚁，感慨万千，诗兴大发，匆匆写就一首《却东西门行》，描述他在邺城东门行到西门时的感慨。诗的最后是："冉冉老将至，何时返故乡？神龙藏深泉，猛兽步高冈。狐死归首丘，故乡安可忘！"

曹操含着眼泪，深情地怀念了和袁绍在一起的那些事儿。当初和袁绍一起发兵讨伐董卓，袁绍曾经提出个问题："假如我们的事业失败了，你打算从什么地方从头再来？"曹操没有直接回答，而是反问："你呢？"袁绍就说："吾南据河，北阻燕、代，兼戎狄之众，南向以争天下，庶可以济乎！"意思是说我占据河北，挡住了燕、代之地，然后兼并那些少数民族，向南争夺天下，应该可以成事吧。曹操却回答说："吾任天下之智力，以道御之，无所不可。”意思是说：“我要任贤用能，以道义逐鹿天下，这样就所向无敌了。”

从这段对话中，可以看出袁绍和曹操的差距。

现在，一个老人忍着头痛的折磨想回家了，可是他走的是一条不归路，由不得他想回就回，想走就走。曹操在袁绍坟前与老友把酒言欢后，下令给予袁绍遗孀刘氏超高规格的待遇。同时，还将在作战中取得的袁家财产全部奉还，还命令有关部门日后按袁绍官阶向袁家发放俸禄。

情感上的事情处理完了，该办的正事还得办。比方说名分问题，曹操以前是司空兼兖州牧，中央和地方的事情两手抓，现在已经没有这个必要了。这一年九月，朝廷任命曹操为冀州牧，他正式取得了对冀州的管理权。凌乱的河山还等着他收拾，他还得继续战斗。

曹操辞去了兖州的所有兼职，从这个任命上可以看出，冀州对于曹操来说有多重要。以前袁绍天天喊着五世三公，在朝中的人脉深广，人气很旺，但是在地方上的势力其实并不大，基础还不如地方太守雄厚，这从后来袁绍起兵的时候连块根据地都没有，不得不依靠他人供养就可以看出。后来袁绍采用一系列阴谋诡计骗得了冀州牧之位，冀州比其他州资源更加丰厚，他才能发展得如此迅猛。

曹操此前虽然占据了中原一带，把皇帝牢牢控制在手里，但势力发展却很慢，一直被袁绍压着。得到冀州后，势力迅速发展壮大。

拿下冀州后，曹操调来了冀州的户口本，一查户册他笑了，对崔琰说：“昨案户籍，可得三十万众，故为大州也。”意思是说：“昨儿个我查了一下冀州的户籍，总共得到三十万壮丁，冀州可以称得上是天下第一大州了。”

崔琰是当时冀州第一名士，袁绍死后，袁谭、袁尚都抢着要征用他。可崔琰瞧不起他们，放话说即便到了监狱也不会为他们效力。现在曹操征用他为冀州牧别驾，让他做治理冀州的第一助手。到了曹操这儿，崔琰也很有个性，当时反驳曹操说："现在天下大乱，袁氏兄弟互相残杀，百姓苦不堪言。曹公初到这里，不先问问百姓的生活风俗如何，救他们于水火之中，反而先问户籍，依在下愚见，这可不是冀州百姓希望的。"当众驳老板面子，在场人听了脸色都变了，觉得崔琰必死无疑。可曹操听了这番话，立刻收敛了笑容，正儿八经地向崔琰谢罪，这事儿就这么过去了。

袁谭反叛

袁尚回救邺城时曾经派冀州从事牵招到上党去运输军粮，可是军粮还没运到，袁尚就被打败了，一夜之间逃到中山了。牵招千辛万苦把军粮运过来，一看自己主公都找不到踪影了，只能灰溜溜地到并州去见高干。高干是袁绍的外甥，袁绍最得意的时候，三个儿子和高干一人领一州，官渡一败，这种架构迅速崩溃。最大的冀州在袁尚手上丢了，高干在并州，袁熙在幽州，袁谭已经和曹操结了盟留在青州。从距离上来讲，最靠近袁尚的是高干，所以牵招到并州去见他，希望他能够率军迎接袁尚到并州站稳脚跟，筹谋大事。可惜高干早就被吓破胆了，也怕袁尚会夺自己的权，所以拒绝了牵招的建议。牵招心灰意冷，见袁家子弟难成大事，干脆一转身投靠曹操去了。对于这种识时务的人，曹操向来是欢迎的。曹操给他官复原职，依然拜他为冀州从事。

牵招这个人在《三国演义》里没亮相过。曹魏建国以后，牵招成为曹魏镇守北方的一员猛将。

说到高干，这里顺带提一下高家的事。高干有一个从弟（堂弟）叫高柔。早些年，高柔曾经预测到曹操和张邈间必然会有一场殊死决战，所以来冀州投奔了高干。万万没想到，曹操会追到冀州来，高柔也成了曹操的俘虏。因为他和高干是堂兄弟，曹操对他很不信任。但高柔本身也没犯什么大错，随便杀了又怕在冀州造成恐慌。只能制造理由让他去死。

曹操任命高柔为刺奸令史。刺奸，就是刺探犯罪行为，专门负责找碴儿。这种职位特别容易出错，也容易得罪人。曹操给高柔安排这个职位，就是等着他出错。一旦他犯事儿，曹操就会秉公执法，刀下不留人。可没想到高柔还真有两把刷子，办事公允，在他手上愣是没有错案、冤案，连积案都没有。这下曹操对他的态度改变了。据说有一次曹操来到了高柔所在的部门，想进去找高柔的把柄。结果一进去看到高柔抱着文书睡着了。曹操非常感动，把外套解下来盖在高柔身上，悄悄离开了。后来高柔被调到了司空府委以重任。

原本被猜忌的高柔获得了领导的信任，而原本被信任的许攸却被砍头了。

邺城大战后，许攸居功自傲，每次开会都喜欢在众人面前叫曹操的小名。甚至有一回他在邺城城门口对身边人说："曹家人要是没有我，都进不了这个门。"这下曹操再也不忍了，把他拉出去砍了。不是曹操忘恩负义，是许攸自己找死，怪不得别人。许攸的故事告诉我们，不管你有多牛，在领导面前还是少吹牛。

处理完冀州的事情，曹操收到了两个消息：一个是坏消息，一个是好消息。好消息来自并州的高干。高干在并州已经是土皇帝了，日子过得美美的。袁家在前线和曹操大战，他一点都不关心。袁家兄弟内部相斗，他也不参与。现在，曹操打下了邺城，袁家大势已去。思前想后，他也不打算再高举袁家的旗帜了，干脆献上并州向曹操投降。对于高干的觉悟，曹操当然是极为欣赏的，这让他省了不少事。这样在打袁熙、袁谭的时候，就不会有人在后方捅刀子了。而且，并州才那么一丁点大，又在边境，就算治理好了，也赚不了多少，但如果管理政策出了偏差，麻烦事就会不断。高干主动投降，精神可嘉，就让他继续做并州刺史，反正他已经在那边待了这么多年，人气应该不错。曹操没想到，这个决定为后来高干的反叛埋下了伏笔。

坏消息在曹操的预料之中：不安分的袁谭趁着他攻打邺城的机会举起旗帜反了。之前曹操围攻邺城，袁尚被迫回救，袁尚退军，袁谭得到解脱了。当时摆在袁谭面前的有两条路：第一是顾全手足之情率军和袁尚联合，先把邺城救回来；第二是干脆一条路走到黑，反正已经投降了曹操，日后就跟着曹操混了。

这时候的袁谭应该年纪也不小了，问题是还是没长脑子，形势混乱下愣是不按常理出牌，两条路都不选，独创了一条新路。袁谭觉得自己的思路很简单，趁着袁尚和曹操互相厮杀、互相牵制，自己从中得利。他有这个想法的时候，袁尚正在回救邺城的路上，时间优势让袁谭尝到了不少甜头。曹操一边围着邺城一边打袁尚，确实没闲工夫搭理他。

弟弟给的压力没了，曹操又没工夫管他，袁谭小人得志，这期间事业风风火火地发展着，势如破竹，连克甘陵、安平、渤海、河间等郡县，事业基础迅速建立起来了。这些地盘原来是姓曹的，这就摆明是和曹操翻脸了。如果袁谭真是做事业的人，就会详细回忆袁家从发家到没落的过程，做深刻的总结，很容易可以得出结论：正所谓兄弟齐心，其利断金，强敌在旁，兄弟却你打我、我打你的，哪有不被人做掉的道理？如果这时他回攻邺城，拉袁尚一把，虽然不一定能够救回邺城，但肯定能给曹操添不少麻烦。偏偏他放过了曹操，把目标转向已经逃到中山的弟弟袁尚，偏要和弟弟斗。

因为他发现占了曹操几个地盘后，曹操没有立刻发飙。如果这时候凭借这点基础去打曹操，下场不会太好看，到手的几块肥肉又该丢了。相反他觉得这正是打败袁尚的最好时机。袁尚被曹操一顿海扁，躲在中山瑟瑟发抖。他可不管袁尚心情有多郁闷，直接狂奔而来，拿下中山，看袁尚还能躲到哪里去。

秉承着痛打落水狗的精神，袁谭亲自率军朝袁尚打过去了。可怜的袁尚在邺城之战中被曹操吃得一干二净，现在哪里是袁谭的对手，袁谭还没杀到，他已经拍马开溜了，跑到幽州找二哥袁熙。袁谭趁机收编了分散在冀州各地被曹操打散的袁尚军马，扩充了自己的军力。

对于袁谭的表现，曹操是看在眼里的。尽管袁谭出拳打的是自家兄弟，曹操心里依然不痛快。袁谭一心为了自己做大做强，到最后摆明要找曹操麻烦。当然，一开始曹操没动手，是因为他认定袁谭是个跳梁小丑，不足为虑，权且让其蹦跶几天。等冀州的事处理得差不多了，并州的高干也投降了，曹操就腾出手来好好对付既得罪了兄弟又得罪了亲家的袁谭了。

曹操下定决心后，给袁谭写了一封信，严厉谴责他背负盟约。既然袁谭这么不要脸，亲家是没法做了。曹操让曹彰把老婆送回袁家，这也就意味着双方断交了。袁谭女儿到家后，曹操部队立刻跟上来了。建安九年（204）十二月，隆冬时节，北风劲吹，大雪纷飞，北方天空迷迷蒙蒙的，杀机在冰天雪地中露出了狰狞的面孔，那份寒冷比大雪更冷，直透人心。曹操亲率大军杀来，身边紧紧跟随的是精锐骑兵部队虎豹骑。

南皮之战

袁谭反叛的时候在心理方面已经做好了准备，但是一看曹操动真格的了，狗熊本色立刻显现出来了。袁谭不惊恐和惧怕是不可能的，曹操这几年在中原的名头不是一般地响亮。别的不说，就说那些曾经和曹操交过手的人的下场就很吓人。第一个是陶谦，他杀了曹操老爹，被曹操一路猛扁，第二年忧愤而亡。之后袁术进攻曹操罩着的陈国，结果袁术势力被曹操打得不成样子，从此一蹶不振，他本人也没过多长时间就挂了。至于吕布，更是曹操的眼中钉、肉中刺，当年兖州之战，曹操的势力还不太大，打了两年。后来打徐州，曹操连围带攻打了不到一年，吕布这个闻名天下的猛人也被曹操拖出去吊死了。袁绍当年多么威风霸道，结果官渡一战，手下精兵悍将被曹操杀头的杀头，招降的招降，多年积攒下来的粮草、辎重、装备，统统变成了曹操的战利品，袁绍也因此郁郁而终。当然还有刘备，他是比较幸运的，也是最早体会到曹操是不能惹的，所以一碰曹操就逃，逃到南方去休养生息了。

综合来看，曹操简直是土豪终结者。袁谭心里能不害怕吗？就算袁谭翅膀硬了，本事还能比得过他叔、他爹吗？所以曹操带军来到的时候，袁谭心理上已经崩盘了。趁曹操大军还没杀到，他迅速退出了平原，将南皮、平原的军队聚拢到龙凑（今山东德州市东北）来驻守。

建安九年（204）十二月，曹操兵不血刃夺取平原，然后蚕食平原周围的地盘，把南皮孤立起来，闲庭信步一般来到龙凑。在曹操做这些事的时候，袁谭心里像被猫抓似的百般焦急，一方面害怕败给曹操，另一方面又希望曹操早点来。时间一点点消耗，他的信心也在时间的流淌中慢慢没了。这就像有人拿刀在你脖子旁边晃来晃去，你希望他别砍下来，也希望他早点砍下来给个痛快。就在袁谭思考着是死还是不死、怎样死的人生哲学问题的时候，曹操来了。

此时，袁谭的信心差不多刚刚耗光，没胆量和曹操交战。什么以逸待劳、趁夜劫营，都是痴人说梦。袁谭的恐惧怯战让曹操也挺难受的，尽管知道对方不堪一击，但也得有东西打呀。一拳挥过去像打棉花似的受不上力，对于高手来说也郁闷。

所以在军队休整完毕后，曹操立刻派人到袁谭营外想尽办法挑战。可是任凭曹军百般辱骂，袁谭就是不出兵交战。天色渐暗，曹军骂累了，纷纷退回军营开饭。袁谭趁着曹军没有防备，当机立断撤出了军营，全军回到南皮。当然想一夜之间完全撤退不太可能，至少得留下一些粮草、辎重，还有军备物资什么的。

袁谭一路逃到了南皮城外的清河沿岸，驻扎军队，防御曹操，准备和曹操玩一个“半渡而击之”的把戏。这种把戏在兵书上有记载，各大军事家也很乐于把理论付诸实践，屡用屡胜。当然，这只是个好招数，不能算是神技能，未必百用百胜，至少得看对手是不是吃这一套。曹操就从来不吃这套。而且得看这招是谁用，面对曹操，袁谭的军队早就是惊弓之鸟，关键时刻，哪能领会到领导的妙计，曹军精锐还没渡河到一半，袁军早就跑没影了，所以曹军顺利渡过了清河。

曹军休整了一番，直到第二年（建安十年，即205）正月，才到南皮参加会战。袁谭确实很有特点，但凡他参加过的大战，除了在青州对极个别的人，比如田楷、孔融之外，基本上每战必败。打不过兄弟也打不过曹操，挨揍多次也不见长进。这回袁谭想打翻身仗，他没路可退了，大不了是个死，那就拼吧。

于是袁谭军的态度来了个180度大转弯，从贪生怕死变成了求胜心切，全军在袁谭的带领下，在南皮城下带着决战的勇气和曹操拼死奋战。两军交锋，袁军剽悍勇猛，曹军奋力拼杀，好不容易才把他们打退回城中，曹军为此付出了惨重的代价。在日后攻城中，背水一战的袁军让曹军遭受了极大损失。看到袁谭突然超常发挥，连曹操这种久经战阵的人都觉得有点不可思议。袁军现在是不要命的，但曹军是要命的，在精神和思想觉悟上比袁军低了一个档次，此消彼长，曹军开始吃亏了。损失大量士兵后，曹操打退堂鼓了，想暂缓攻城，等袁谭锐气消磨差不多之后再决战。

这时，曹纯来劝他，让曹操重新坚定了信心。曹纯，字子和，是曹仁的弟弟，曹操的堂弟。《三国演义》中把曹纯设定成一个三流角色。在历史上曹纯是很有地位的，光他手下统领的那支百里挑一的精锐骑兵虎豹骑就足够拉风了。虎豹骑是曹操嫡系王牌军，组成虎豹骑的士兵个个是善于骑射、骁勇善战的勇猛之士，说百里挑一一点都不夸张。史书上说："纯所督虎豹骑，皆天下骁锐，或从百人将补之。"也就是说，其他部队的军官来到虎豹骑只能当普通士兵。按现代军事概念来说，以这种方式选拔出来的就是特种部队了。虎豹骑领军主将都是曹操手下的宗亲子弟，都曾经在战场上立过赫赫战功。

虎豹骑很神秘，其头领是曹纯、曹真、曹休。虎豹骑处女秀是由曹仁带领完成的。但这次南皮之战让虎豹骑打出了名头，后来很多攻坚任务都交给了他们。他们也不负众望，立下了赫赫战功。比如征乌桓的时候，虎豹骑在战场上斩下乌桓单于的首级。后来曹纯带领虎豹骑一天一夜长途奔袭三百里追击刘备，把刘备部队打得七零八落。史书上说："获其二女辎重，收其散卒。"后来曹操与马超作战的时候，也启用了虎豹骑，取得的战果就是三个字，"大破之"。

建安十五年（210），曹纯死了，曹操哀伤不已。有人问虎豹骑的统领应该由谁继任。曹操感叹说："纯之比，何可复得！吾独不中督邪？"意思是，像曹纯这样的人是不可复制的，谁能与之相比，难道我就不能自己统领吗？此后，虎豹骑就由曹操统领了。可见虎豹骑在曹操心目中的分量。

曹纯说："主公，我军不远千里进攻敌军，进不能破敌，退又必损军威。况且我军孤军深入，难以持久。袁谭新胜，军马必定骄傲。我军兵败之后，军马必定戒惧。我们用有戒惧之心的军队去进攻有骄傲之心的军队，是一定可以得胜的。"听到自己的爱将如此有信心，曹操终于下定决心了。既然这样，就把虎豹骑投入决战。

曹操调集各路军队与虎豹骑一起攻城。为了鼓舞士气，曹操不顾主帅身份，亲自跑到前线擂鼓助威。一方面是精锐的虎豹骑打头阵，另一方面是主帅亲自督阵，曹军士气大振。战场上的气势此消彼长，不要命的袁军看到曹军比自己还不要命，士气弱了下去。

南皮城在曹军的猛攻下很快陷落，袁军失去了城池的保护，两军攻防的态势马上发生了转换。袁谭见城已丢，军已散，无法再战，瞅准时机在乱军中抢了一匹好马，突围而去。根据史料记载，袁谭逃亡的时候很狼狈，头冠都被击落了。一路上袁谭披头散发纵马狂奔，可惜他的装束实在太扎眼，很快就被虎豹骑盯上了。本来虎豹骑还不知道披头散发的人是袁谭，但有人看他的装束就知道不是大将就是高官。在战场上能抓住高官赏金很多，在虎豹骑士兵眼里，袁谭就是一堆黄金。

袁谭的骑术自然比不上虎豹骑，再加上心里又慌，手忙脚乱地从马上摔了下来，虎豹骑士兵一拥而上。这时，袁谭还摆出一副大少爷的样子对追击的虎豹骑士兵说："你们放我一条路，我可以给你们富贵……"没等说完，虎豹骑士兵一刀下去，伴随着惨叫，袁谭的人头被砍了下来。

王脩、管统、牵招

建安十年（205）正月，袁谭终于不能瞎折腾了。要是与弟弟联手，或许他还能和曹操一搏，可惜他总是把对付弟弟看得比对付曹操更重要。现在他血淋淋的人头已经被拎到曹操面前，从此他再也无法伤害他弟弟了。

袁谭的首级被示众，曹操下令谁敢哭袁谭，就把他和他的妻子儿女都杀了。这个命令够吓人的。可是命令公布没多久，居然有人顶风作案，抹着眼泪求见曹操，要求为袁谭收尸。

此人名叫王脩，是袁谭的别驾。南皮之战打得热闹的时候，王脩不在城内，而是被袁谭派出去到乐安运军粮了。收到袁谭情况危急的消息，他立刻带人去救援，紧赶慢赶才到高密就听说袁谭的脑袋被砍了。王脩痛苦不已，当场滚下马来哭着喊着说：“我没有主公了，还能到哪里去？”然后决定去见曹操，给袁谭收尸。

曹操也想见见这个人。王脩见到曹操，跪下说：“我受袁氏厚恩，如能殓葬旧主，然后自己从容就戮，那也就没什么遗憾了。”这样忠义的人怎能不让人感动呢？何况曹操本来就是个性情中人，特别看重忠义。王脩既有忠又有义，于是曹操收回命令，答应了王脩的要求，让他为袁谭收尸。而且不放王脩走了，让他继续负责督运军粮，做回老本行。

乐安太守管统相当不识时务。袁谭死了，各地方纷纷表示要接受中央政府领导，实际上也就是曹操的领导，偏偏管统不认曹操，继续我行我素，搞独立王国。

王脩跟他是老朋友，曹操就让王脩去乐安出差。曹操给王脩布置了两个任务：第一，把军粮运回来；第二，把管统的脑袋带回来。严格来说，王脩这趟任务完成得不算太好，只把军粮运回来了，没有带管统的脑袋回来，因为他把活着的管统带回来了。但曹操心里还是很高兴的。因为王脩对曹操说：“像管统这样的忠臣，只要肯改，不应该轻易杀掉。你对我不就是这个态度吗？优待俘虏功德无量。”曹操频频点头。看忽悠了曹操，王脩又自作主张给管统松绑，领着管统去见曹操，吩咐他想活命最好乖一点，不要一根筋。

管统也并非一心求死，见到曹操认了个错，曹操也就赦免了他。管统也没有像之前陈宫、审配那样让曹操下不来台，于是皆大欢喜。

这边皆大欢喜了，但那边有个人惨了。这个人就是郭图。袁谭手里剩下的唯一有点名气、有点分量的人，就是他了。以前他跟着袁绍混的时候，虽说号称谋士、天下名人，留给我们的印象却是爱挑拨离间，瞎胡搞乱参谋，没一点闪光点，是典型的非主流扫把星。给袁绍当顾问，袁绍战败；给袁谭当参谋，袁谭战败。能全心全意孜孜不倦地把两代领导人给参谋垮台的郭图，本事确实不一般。从这个角度来讲，郭图还算是曹操的恩人，为曹操做了杰出贡献，曹操也知恩图报，下令给予特别重赏——全家杀头。

还有一个特别优秀的人物值得说一下，就是大胆的李孚。邺城被围时，李孚曾经跨越重重包围进出邺城与审配沟通消息。袁尚被打败后，他跟了袁谭。在袁谭这边他还没出主意，袁谭就被打败了。按说他也跟着逃离就算了，可是他没有。南皮城破后，城里还有残军，他们或者死忠到底，或者不知道袁谭已死，还在和曹军巷战，城中百姓人心惶惶。人心不稳之际，李孚故伎重施，向守门卫士声称自己是冀州主簿，要求面见曹操。守门卫士一看他趾高气扬的，立马被他的气势压倒。自古以来都是“阎王好见，小鬼难缠”。有时候看门人的权力比主公还大，甚至能够决定主公见谁不见谁。现在这个“小鬼”已经被李孚吓住了，没有怀疑就跑进去通报了。

李孚见到曹操，说：“现在城中混乱，军队相互攻杀，百姓不分强弱，人心惶惶。在下认为应当派遣新将，由被城内百姓信任的人去传达您的命令，这才妥当。”曹操心下暗服：你明明是来投降的，现在绕个圈让我来哄你，这话说得太有水平了。你有才，我爱才，你这种人才我得好好对待。于是曹操下令，让李孚作为使者到城里安抚百姓。李孚是冀州旧部官员，老百姓见了他，情绪稳定了下来，南皮城内这才安定下来。

南皮城安定了，意味着曹操已经啃掉了一块硬骨头，他心情十分轻松，着实过了一段潇洒的日子。他带人到处去打猎，据说还创下了一天猎获 63 只野山鸡的纪录。当然，放松归放松，休假归休假，天下还未平定，假期也有限。这时曹操周边的局势并不十分稳定。南方姑且不论，北方形势还是比较复杂的。河北往北，除了袁家势力外，还有辽东的公孙度、乌桓等武装力量。曹操想彻底把北方的维稳工作做好，除了扫平袁家势力外，还得和这些势力打交道，否则以后还会麻烦不断。

现阶段曹操和这些势力并没有挂上钩，连边也没沾着。在没有彻底打败袁家兄弟前，想要和他们取得联系必须通过敌占区。换作是别人估计都懒得理他们，等面对面打了再说。但曹操要下的棋很大，从一穷二白到现在的北方霸主，他做事的方式是从来都把统战工作放在第一位，正面决战放在第二位。

之前他已经派人去见公孙度，拿着公章和委任状封公孙度为武威将军、永宁乡侯。公孙度对于武威将军没有意见，但对那个乡侯就有点不爽了。他想：老子早就是辽东第一把手了，只封个乡侯？所以他把曹操给的东西统统封存了起来。没过多久公孙度死了，儿子公孙康成了辽东最高领导人，公孙康和他老爸一样傲气十足，坚决不接受曹操这个小气的封号。但是公孙康比他老爸聪明些，他不愿意浪费资源，让弟弟公孙恭来做这个乡侯。从这个角度讲，公孙康还是不敢和曹操为敌到底，始终留了可以和平相处的余地。

与此同时，曹操对乌桓采取了政治攻势。对于少数民族武装，能和平解决的最好不要动粗。袁绍之前就是靠这个手段去笼络他们的，当时派去的人是牵招，现在牵招已经投到曹操旗下了，正好让他再次发光发热。曹操派他到辽东去跟少数民族聊一聊，看看能不能归顺。乌桓部落比较复杂，之前归顺公孙瓒，公孙瓒被袁绍灭掉以后，他们举起了袁字大旗，袁家完蛋了，他们就没有上级领导了。那他们干吗不独立呢？其实大部分少数民族是游牧民族，他们要抢的是东西，不是土地，土地对他们来说不算是最重要的。也是因为这一点，很多汉族军阀乐意拉拢他们，他们能打仗，关键时刻还能帮自己一把。

牵招就带着曹操的命令去安抚乌桓了。没想到，公孙康也派出了代表想拉拢乌桓。突然有两家来抢自己，乌桓受宠若惊，有了突然受到重视的感觉。辽东政治局势骤然紧张。乌桓部落虽小，但是否能够正确应对却是对曹操势力的重大考验。

三方会谈

曹操和袁谭纠缠最激烈的时候，还有一支力量在蠢蠢欲动，就是乌桓部落的峭王。峭王之前是高举袁家旗帜的，袁绍在世的时候曾经以皇帝的名义封峭王为单于，以此拉拢他。听说袁家势力被曹操打得满地找牙，他点了五千精兵打算去救援。可他还没动，曹操已经派了牵招到柳城（今辽宁朝阳）来安抚乌桓。说来也巧，公孙康也派了一个叫韩忠的人来册封峭王，让他接受自己的收编，任命他为单于。原本大家都不待见的乌桓部落，一下子变成了香饽饽。

峭王以往哪里享受过这种待遇，一看几家老板来拉拢自己，情绪有点波动。但峭王的民主意识还是很强的，把牵招和韩忠都叫来，来个三方会谈。会议一开始，峭王对牵招说："以前袁绍说他代表天子叫我当了单于，现在曹操又说他才是天子的代言人，重新任命我。辽东公孙家也派人来封我做单于，这让我很难办，到底哪个单于才是真正的单于？”

牵招从容淡定地回答说：“从前袁绍当天下盟主，确实可以代表天子发布文件，他任命峭王为单于是合法的。后来他违背了天子旨意，曹公已经替代了他。当然要重新奏明天子再任命一次，所以这次曹公任命的单于是真单于，是合法的。至于辽东，偏居一隅，不过是区区一个郡，任命几个乡村官员还能勉强说得过去。他们没有资格封官、授爵，单于只有皇帝的任命才是有效的。”

牵招这么一说，韩忠不乐意了，吹胡子瞪眼站起来争辩。韩忠口才一般，气势上没有压住牵招，只会用趾高气扬的表情来为自己壮胆。他说：“我辽东在东海之滨，有雄兵百万，各族百姓都以我为尊，当今天下大势是以强者为首，曹操算什么东西，也敢唯我独尊？”

可能韩忠跟公孙度时间久了，完全被公孙家的自大感染了。韩忠不知道中原有多大，别说曹操、袁绍能够完虐公孙家，就连刘表这样的诸侯也能分分钟玩死他们。这是在井里待得太久了，不知道天有多大。

听了这番话，牵招觉得跟他讲道理简直拉低了自己的智商。于是牵招站了起来，面对面死死盯着韩忠，两人额头几乎都要碰在一起了。他呵斥韩忠：“曹公允恭明哲，翼戴天子，伐叛柔服，宁静四海。汝君臣顽嚚，今恃险远，背违天命，欲擅拜假，侮弄神器；方当屠戮，何敢慢易咎毁大人！”意思是，曹公辅佐天子，讨伐叛逆，如今辽东依仗着远离中原，就想背叛朝廷，竟敢私相授受，封官授爵，敢侮辱诋毁曹公这样的朝廷重臣，应该被处以极刑。说完他一下子揪住了韩忠的头发。古人头发很长，被揪住就很狼狈。牵招顺手一摁，把韩忠按倒在地，要他在坚硬的地上磕头，还拔出刀来要砍了韩忠。峭王吓蒙了，眼看要出人命，赶紧拦着，在旁边絮絮叨叨讲了不少好话。牵招看峭王急了，就坡下驴。峭王这才松了一口气，把牵招让回座位，扶起瑟瑟发抖的韩忠。

牵招定了定神，进行了一次当前形势的报告。总结起来就是："只有跟着曹操，大家的前途才光明。谁要是想对着干，下场会很惨，不信看看袁绍就知道了。你们哪个比得过袁绍？以我来看，你们与袁绍相比还差得远。"

牵招不仅身体好、力气大，口才也好，说服力超强。峭王一听，他说的还真是在理，于是恭恭敬敬地接受了朝廷的旨意。韩忠被牵招狠揍了一顿后，根本没敢插嘴，第二天就被峭王送走了。随后峭王就地解散了那五千骑兵，袁家最后一支外援就此断绝了。

曹操打袁谭、安抚乌桓的时候，远在幽州的袁尚、袁熙的日子也很不好过。袁尚是被曹操打败的，已如丧家之犬，完全靠二哥袁熙接济过日子。袁熙是袁绍儿子中最老实的一个。大哥和三弟打来打去，袁熙基本没参与，而且他的地盘和曹操离得远。在另外两个兄弟被曹操玩得一死一残的时候，袁熙管着自己的独立王国幽州，当着幽州刺史，照看着自己的一亩三分地。但是唇亡齿寒的道理大家都懂，那两兄弟玩完了，曹操来势汹汹，估计幽州迟早会被没收，所以袁熙也面临着何去何从的问题。投降？自然是不甘心的。何况想投降，还得看对方是不是愿意接收，袁尚不是曾经想投降吗？曹操就没接纳。打一下？打曹操又打不过。只能混一天算一天，走到哪天算哪天。没等袁熙做选择，他手下人已经迫不及待地帮他选择了。日防夜防家贼难防，最难提防的就是手下人阳奉阴违，面子一套，里子一套，成天想造反。

袁熙想当一天和尚撞一天钟，得过且过混日子，但他的手下中有两个人却想过好日子。部将焦触和张南思来想去，觉得只有跟着曹操才会有幸福生活。于是，在没有任何征兆的情况下，他们宣布造反，说要割下袁熙的人头献给曹操，以求大功。

事出突然，袁家兄弟手忙脚乱，只能选择出逃，两兄弟带上亲信部队，到辽西投靠乌桓部落的另外一个首领蹋顿去了。

袁家兄弟跑了，焦触决定自己担当幽州行政长官，自称幽州刺史。他把幽州各地行政长官聚集在一起，用武力强迫众人改变立场，让大家投靠曹操。为了表现出仪式感，焦触还专门杀白马，强迫大家歃血为盟，当场宣布有敢不听话的，一律拉下去砍了。那些人怕被砍头，只能顺着焦触的意思歃血为盟。不过这种局面没有维持多久。

燕赵之地自古多英雄豪杰，不是个个都贪生怕死。幽州别驾韩珩表示反对。他说："受了袁家父子知遇之恩，如今袁氏败亡，我的智谋不足以去拯救他们，又没有勇气去死节，在君臣大义上已经有了缺失，如果再投降曹操，那会更加失节。诸位想投降，我不反对，但我绝对不会这么做，即便把我杀了，我也是这句话。"其他人都为他捏了一把汗，可原本满脸横肉的焦触态度却软化了，不但没有杀韩珩，反而恭恭敬敬地把他放走了。

事后焦触他们投降了曹操，跟曹操说了这件事。曹操对韩珩的忠义行为十分感动，多次征召他，希望他能加入自己的阵营。可韩珩始终坚守诺言，一直没为曹家效力，老死于家里，也算是得到善终了。

第七章

曹操安定了后方

局势又乱了

现在，原本袁绍的势力基本划归曹操名下，袁家招牌基本砸烂了。平定河北以后，曹操这边的好事一桩接一桩，好消息听多了，也该来个坏消息了。

第一个坏消息是幽州方面传来的，赵犊和霍奴杀死了曹操设立的幽州刺史与涿郡太守，成立了一个单干集团。

对于幽州发生的一切，最高兴的莫过于作客辽西的袁熙和袁尚了，他们挑唆乌桓部落趁火打劫，攻打曹操设置的都督幽州六郡的度辽将军鲜于辅。刚平静下来的幽州、辽东一带再起烽烟。

曹操当然不能容忍这些人在自己的地盘上搞无政府主义。他也没慌，亲自领兵出征讨伐赵犊和霍奴。这些造反的人干点杀人放火的勾当还行，但跟曹操相比，差了好几个档次。很快赵犊、霍奴就被曹操彻底扫清。曹操还来不及摆酒庆贺，第二个坏消息又来了。

并州高干趁着曹操远征，后防空虚，也开始闹事。目前的局势对于曹操来说非常混乱。一是乌桓军，二是赵犊、霍奴，三是后方的高干。此时的上上之策就是按照顺序一件一件捋顺。既然曹操已经来到了东北，自然要把赵犊先解决了，然后到乌桓，最后集中精力搞定高干。所以曹操先派了乐进和李典率领军队去讨伐高干，自己搞定了赵犊之后马不停蹄赶到广平支援鲜于辅。

鲜于辅曾是刘虞手下的官员，刘虞死后，他联合阎柔、刘和一起进攻公孙瓒。公孙瓒被击败后，因为鲜于辅在渔阳本地有名望，被推举代行渔阳太守事务。

官渡大战前夕，袁曹两家关系恶化。鲜于辅身处北方，经常为了跟谁才有前途的问题苦恼，好朋友渔阳郡长史田豫为他指明了形势，认定未来能统一天下的必然是曹操。鲜于辅派遣使者向曹操投降，北方的顺利来降对于当时信心严重不足的曹操集团来说绝对是颗定心丸，所以当时曹操以天子的名义加封鲜于辅为建忠将军都督幽州六郡军务。建安十年（205），曹操平定河北，鲜于辅正式率部向曹操投降。也是这一年，乌桓三郡大军进攻幽州，与鲜于辅在广平僵持，乌桓部落虽然人人长得人高马大，看上去生猛，但打起仗来水平实在太菜。跟鲜于辅还能对抗一下，曹操亲自来了立马崩溃，被曹操迅速击败，灰溜溜逃到塞外去了。曹操没打算浪费太多时间，身后还有高干在闹事儿，于是也没追，当即率领主力部队回救壶口关（今山西长治市东南壶口山下）。

高干还是有点本事的，能文能武，名气也响亮，周围来投靠的人挺多。之前曹操打下邺城后，他迫于形势投降了曹操，事后就后悔了。并州是现在山西一带，地势险要，易守难攻，再加上他手上有好几万军队，一仗没打就白白送人？不管怎么想都觉得肉疼。于是他瞅准了曹操亲自带队征讨乌桓部落的机会，开始胡思乱想了。

高干先活捉了上党太守，率兵扼守壶口关。壶口，顾名思义，就是因山形像壶的口而得名。壶口关东面不远处就是邺城。

曹操派李典从正面展开进攻，考虑到这个关口易守难攻，正面进攻会耗费实力，还派了名将乐进迂回袭击高干背后。乐进和李典都是曹操手下的一代名将，尤其是乐进在五子良将中排名第二，仅次于张辽，是曹家势力精英中的精英。高干这下难受了，前有李典，后有乐进，每次和乐进、李典交战，都被打得落花流水。多次失利后，他干脆躲到壶口关里，不管外面怎么闹腾，就是坚守城池拒不出战。

高干本人坚守壶口关，各个地方还有不少外援。并州有些地方官按捺不住寂寞，蠢蠢欲动。河内的张晟觉得现在并州有两个领导，就相当于没有领导，自己怎么干也没人管，于是大着胆子带上一万多人在萧山渑池一带大抢特抢，与高干也算是遥相呼应了。还有弘农张琰，河东的卫固、中郎将范先都准备动手了。这下，并州局势更像一团糨糊了。对曹操来说，如果只有高干闹事也没啥，就算是十个高干一起曹操也不怕。可现在不是高干一个人，有人和他遥相呼应。张晟带领不明真相的群众又砸又抢，张琰也很想获得这种成就感，这是一个不好的苗头。

曹操担心这些人会向西联合关中诸将、向南联合刘表。如果那几路实力派人士一起来攻，他再英明神武恐怕也是双拳难敌四手。为了断绝高干和关中马腾、韩遂的互相通联，河东郡在地理上就显得格外重要。只要守住了这块地方，就可以彻底阻断高干西出南下的道路。

关中有钟繇，但钟繇的强项是政治，而且闹事的地方太多，他一个人照应不过来。尤其是河东郡，名义上归属朝廷，但河东太守王邑至今没有在实际行动上归顺曹操，不是太菜就是太懒了。河东郡的事务他基本都交给两个手下去处理，就是卫固和中郎将范先。当然这也不是多大的难事，曹操一个命令下去，征调王邑回许都到中直机关任职。卫固一看，要是王邑走了，空降一个牛人来当太守，恐怕就没现在这么好说话了。于是他和范先扛着王邑的旗号去求见钟繇，希望大书法家能让王邑继续待在河东。当然他表面上打着民意的旗号，实际上是想在王邑留任期间趁机联合高干。如果王邑走了，一切计划都会落空。

所以卫固在说服钟繇的工作上下足了功夫。可钟繇的眼睛是雪亮的，卫固那点小算盘早就被看得一清二楚。不管卫固怎么说，钟繇只是耐心地听，等他说完了，只蹦了两个字：不行。

曹操知道，河东将领从来没有真正高举曹字大旗的，表面上挽留王邑，暗地里却与高干勾结。自己坐镇中原的时候，这些人还老实，个个观望，只要自己在某个地方碰上麻烦了，这些人的小心思就开始活跃了，想方设法给自己添堵。现在自己实在分不开身，没法去收拾他们，得派个得力人手去帮忙。这时曹操想起了荀彧，他可是曹营的伯乐，眼光贼准。曹操出征的时候，后方一般都由荀彧来把守。荀彧一方面忠诚，另一方面文武皆通，政治上、军事上，好像还没他办不成的事。

于是曹操给荀彧写了一封信，在信里强调，这些势力现在还不太生猛，但一不小心让他们和刘表、马腾、韩遂联合起来麻烦就大了。现在手头没有机动部队可以除掉他们，需要荀彧找个人才帮忙摆平叛乱，镇守河东。

荀彧对于曹操的作用，如果仅仅比作萧何对刘邦的作用，恐怕还不够准确，对于曹操来说，荀彧的作用抵得上萧何与陈平两个人了。荀彧收到信以后立刻给曹操回信说，让杜畿去。

杜畿，字伯侯，京兆杜陵（今天陕西西安一带）人。这个人称得上是三国时期最优秀的地方官之一了。西汉有个御史大夫叫杜延年，在《史记》中被大书特书了一笔，他是杜畿的祖宗。到了杜畿这一辈已经是普通人家。杜畿从小是孤儿，家里只有后母，后母对他也不咋的，但杜畿很有孝心，是当地有名的孝子。他成年后在官场沉沉浮浮，也没有什么杰出贡献、突出政绩，直到碰到伯乐荀彧。

杜畿和荀彧是偶然相识的。当时杜畿在官场下课了，到许都去找朋友。这个朋友就是侍中耿纪。说来凑巧，耿纪的邻居就是荀彧。机缘巧合下，荀彧听到了他们的高谈阔论，很欣赏杜畿的言论，杜畿的命运也因此发生了翻天覆地的变化。

原本是小人物的杜畿就此浮出水面，被推荐给了曹操。既然是荀彧推荐的，曹操大方地给了杜畿一个司空司直的职位。这是一个在司空府里就职的职位，相当于副部级监察官。不久，杜畿升任护羌校尉持使节兼任西平太守。

杜畿来了

在荀彧的推荐下，杜畿临危受命，在去西平郡就职的路上被朝廷快马追回，让其担任河东太守。一边是杜畿任命来得急，一边是钟繇催王邑也催得急。王邑被催得不耐烦，对目前乱局也无可奈何，干脆连交接手续都不办了，就带着印绶走小道到许都报到了。

王邑这一撂担子，把卫固、范先折腾得够呛，他们原本的想法是联合高干趁乱狠捞一把，过一把诸侯瘾。可王邑走了，也就意味着朝廷任命的太守马上就到了。这样一来，计划不就落空了吗？为了拒绝新太守到任，王邑一走，卫固就宣布接管河东郡全部权力，并且在黄河渡口各沿线布下军队，声称谁也不准过河，哪怕是一只苍蝇，只要是朝廷派来的，都先拍死了再说。

他的方法十分奏效，杜畿确实在黄河岸边待了一个多月没办法渡河。这个消息传到曹操那里，曹操叫夏侯惇带上军队去帮一下杜畿。出乎所有人意料，杜畿不同意这么做。杜畿也不完全是为了自己，而是顾全大局。夏侯惇军队还没到，杜畿就对随从说："现在河东有三万多户老百姓，他们并不是个个都想背叛朝廷和我们作对，里边有九成是不明真相的，只是围观群众。我们大军一逼，就会造成他们心理恐惧。到时这些群众情绪不稳定，反而会全部倒向卫固，听他指挥，这样的结果是朝廷不愿意看到的。卫固虽心有反意，态度嚣张，但是毕竟还没有公开宣布反叛朝廷，表面上是打着挽留老领导的旗号，所以他现在不敢对我们怎么样。我带上你们几个绕道进入河东就任。卫固虽然头脑不简单，新鲜点子也不少，但决策能力很差。他会假装对我们挺好，我们只要能在郡中安全待一个月，用计策稳住他，最后就可以搞定他，大事就可以成功了。"

荀彧推荐的人才一般都不会失误。杜畿如此自信，并不是盲目自大，而是在黄河岸边的时候，他已经想出了对付卫固的方法。

杜畿绕道进入河东郡后，范先想杀掉他，但遭到了卫固的反对，两人决定先试探一番。

杜畿到任第二天，卫固把本郡主簿以下三十多名高级公务员抓来，拉到郡守府前砍头。卫固、范先看着杜畿，心想：你一个书生，看到这种场景要吓坏了吧。哪知道杜畿让他们大失所望，面不改色，没有表现出一丝恐惧，还兴致勃勃地观看。卫固思来想去认为，杜畿在这里也没权势，杀掉他反而坏了名声、降低了人气，不如让他做郡守，反正是挂名的。

于是，卫固、范先正式承认了杜畿的领导，但实际上是他们在领导杜畿。杜畿知道自己这一步走对了，活下来没问题了。他特意把卫固、范先找来，大肆夸奖一番："卫家、范家乃河东大族，人脉很广。我今后的工作全仰仗两位的鼎力支持了，有什么事情咱们先商量好了再决定。"杜畿又以郡守身份任命卫固为都督、代理郡丞职务，兼任功曹。部队几千号人交给范先指挥，官方认证他是本地合法的军方领导人。军政大权都在他们手里，杜畿反而成了光杆司令，除了郡守公章外啥都没有。如此一来，卫固和范先更不把杜畿放在眼里了。

得到河东郡军政大权后，卫固他们开始大展拳脚，大举征兵。杜畿明白，他们这是要扩张自己的势力，一旦这么做了，恐怕就很难控制了。杜畿给卫固提建议说：凡是想做大事的人都不可动摇众人之心，大举征兵，民众一定会受到惊扰，不如拿出郡里的钱财来招募新兵，岂不更好？卫固一听，反正不用自己的钱，这么做也好，于是下令改强制征兵为用钱财征兵。卫固把钱财分给了手下部将，让他们征召士兵。将领拿到了真金白银，哪有心思做事，一门心思琢磨怎么把钱分了，随便抓几个壮丁虚报数字。

杜畿看卫固中计了，又向他建议，士兵在外会思念家乡，建议没有战事的时候让士兵、将官轮流返乡休息，有急事再征召回来。卫固想想好像也有道理，反正现在养这么多人也没必要，就同意了。他心中依然看不起杜畿，觉得这些做法很无聊，哪会想到，看上去温顺的领导暗地里没少拉拢人马，那些人并没有真的回家，而是离开卫固去为杜畿工作了。

这时，一支地方武装力量白旗军来抢东西，高干又派遣人马入侵河东。卫固紧急调集人马，可忠于他的将领回家休息了，被杜畿拉拢的将领又不愿意和他合作。

杜畿看时机到了，河东郡下属的很多县已经听从自己的指挥了，所以他开始玩起了失踪，人间蒸发了。实际上他是带骑兵到章城固守了。仅仅十几天，各县领导干部就带着手下群众拿起武器喊着保家卫国的口号，率领部队跟随杜畿做好了守城的一切准备。没多久就凑了四千多人，比范先的军队人数都多。这时，卫固才知道上当，被釜底抽薪了。

恼羞成怒之下，卫固联合高干、张晟带兵攻打杜畿，不成想，看上去斯斯文文的杜畿不但搞政治有一套，守城也不含糊。多日后，卫固他们还没拿下杜畿，军中粮草告急了，只能四处抢粮，可收获不大，这才知道粮食早被杜畿收走了。

这时曹操给杜畿派来了马腾率领的援军。卫固他们连杜畿都啃不下，何况是马腾这样的硬骨头？马腾大获全胜，高干、张晟先溜了，卫固、范先没走成就被斩了，连带倒霉的还有想分一杯羹的张燕。

杜畿在曹操的帮助下逐渐收复河东，卫固的余党被全部赦免，官复原职，各司其位，至此河东平定。高干想向西联合关中诸将的想法彻底破灭。曹操的一块心病就此标本根治了。

没有了思想负担，接下来该好好收拾高干了。建安十一年（206）正月，曹操亲征高干。

平定并州

乐进、李典攻打壶口关，迟迟没有进展，曹操决定亲自带兵彻底铲除这个心腹之患。包围壶关城以后，他按照老规矩下令：“城破皆坑之。”当然，不管出于什么样的政治目的，总是屠城的军事家是无法讨人欢心的。曹操的命令够凶狠，手下人也够卖力，把壶关城包围得密不透风，但是旷日持久，效果并不太好。原因很简单，城里人知道了曹操的命令，反正是个死，不如拼命抵抗。所谓困兽犹斗，陷入绝境中的人意志是最坚韧的，作风也是最顽强的。曹仁建议：“看来坑杀守军的军令有问题，把敌人给逼急了，对咱们也没啥好处，应该给敌人一点生还的希望，让他们松懈下来，才有利于我们进攻。”事实也是如此，曹操取消了屠城命令后，守军思想开始松懈了。

高干一想，自己军队的素质远远不及曹军，曹操兵马的数量也远远超过自己，不如趁机开溜。高干也是只有造反的胆，没有造反能力的家伙，而且他手下没几个铁杆兄弟。按理说，壶口关可是最重要的军事要道，他自己不守，也得派个既有水平又对自己忠心的人来守才是。

高干自己先行开溜，部将们也开始动摇了，反正曹操说了，献城之后不会坑杀。于是被留下来守城的部将献城投降。这一年三月，曹操终于拿下了壶口关，高干虽然成功逃脱了，但实际上也没有多少地方可去。他的出路似乎就是投奔匈奴，但是单于让高干大失所望。单于很为难地表示：“虽然我和袁家关系不错，但那是过去的事情了。上次我们和郭援一起攻打河东郡，那已经是仁至义尽了，我已经打算归顺汉朝廷了。”

经过这番折腾，高干身边只剩下几个亲信卫兵了，这么点家底凭什么向单于借兵？能拿什么来抵押？能拿什么来偿还？高干在单于那儿吃了闭门羹，只好灰溜溜地走了。

现在并州完了，幽州完了，冀州也完了，只能找荆州刘表了。路虽远，但这是唯一的出路。只是高干没想到这唯一的出路却是死路。他还没到荆州，路过上洛，就被都尉王琰抓到，就地斩首了。

高干死于自己的贪欲，人心不足蛇吞象，咽不下去，就会被撑死。并州全部投降后，曹操让别部司马梁习兼任并州刺史。

当时并州靠近匈奴，有许多地方势力依仗匈奴发展了军事力量，雄踞一方，不遵号令。梁习到任后，对并州各军事力量首领进行了安抚，并从中选拔一些首领到州府任职。这些首领来到州里后，梁习又到他们的驻地招募壮丁来当兵，梁习还把这些首领的家眷迁到邺城做了人质。对于不愿意当官的地方势力，梁习看他们软的不吃，就来硬的，派大军征讨。不到一年时间，并州各地被平定，边境恢复了久违的平静。梁习在并州境内发展农桑，实行法治，原先逃难到并州的名士们大多也被梁习推荐到中央担任官职，并州就此稳定。

袁绍势力下的并州、幽州、青州、冀州至此初步稳定下来了。

虽然匈奴单于立场坚定没有站错队，但曹操似乎并不高兴，因为曹操另有打算。鉴于少数民族一贯有组织无纪律，多次和自己过不去，曹操早就谋划着要削弱匈奴势力。建安二十一年（216），曹操和匈奴右贤王联手，把单于及其他诸王引诱到邺城软禁起来，把诸王废掉，留下右贤王作为匈奴的最高领袖，让他回平阳主持大局。建安二十二年（217），为进一步削弱匈奴势力，曹操将匈奴分为五部，安置在陕西、山西、河北一带。右贤王在平阳监国，同时派汉族人作为司马监督检查各部日常工作。

魏太和四年（230），被软禁了十几年的单于死于邺城，匈奴单于的称号就此正式退出历史舞台。

远征乌桓

曹操平定并州后，率领大军回到了邺城，接下来的目标就是袁尚和袁熙了。相对于倒霉的高干，袁尚、袁熙的运气好得多。乌桓部落不像匈奴那么势利，不但非常好客，而且答应出人出力帮助他们打曹操。

乌桓部落发源于东胡部落，公元前 206 年被匈奴击败后，其中一支逃到了乌桓山，以地为名，把部族称为乌桓。另外一支定居在鲜卑山，被称为鲜卑族。乌桓族最精锐的是骑兵。中平四年（187），张举、张纯等人造反，曾经拉拢乌桓部落骑兵到青州、徐州、幽州、冀州骚扰百姓。乌桓部落的首领叫大人，一般通过民主选举产生，谁能打仗、能带领大家致富、威望高就选谁。和张举他们搅和在一起的大人叫丘力居。

初平元年（190 年），辽西乌桓大人丘力居死了，其侄儿蹋顿即位。蹋顿把辽东、辽西、右北平三郡统一起来，所以乌桓部落也被称为三郡乌丸。袁绍灭公孙瓒后，对乌桓部落采取了拉拢政策——封官加和亲，以皇帝名义把主要部落首领都封为单于，然后实行和亲政策。蹋顿作为乌桓部落的总首领，自然是袁绍重点关照的对象。官渡之战后，袁绍死了，乌桓部落和袁家人的感情依然很深厚。建安十二年（207）二月，曹操召集手下文武商讨，准备北征乌桓。

曹操明白，如果让袁氏兄弟在蹋顿的帮助下重新占领冀州，以后的麻烦就大了，所以再累也得出兵搞定这些人。

率军出征前，按照惯例曹操要开军事会议，把要出征的将领聚集在一起，谁有好的意见可以当面提。如果曹操说错了什么，或者在战略上有什么失误，部将谋士们也可以畅所欲言。在开会前，曹操已经未雨绸缪为战事做了准备，比如后勤保障问题，派董昭动用大批民工开凿了平虏渠、泉州渠两条水渠。从粮仓出来的粮食可以沿着水路运到前线，水渠不但能运粮，还能灌溉周边土地，实在是利军利民利国。按说做了这些准备后，会议应该是一边倒的支持意见，没想到会场上几乎都是反对的声音，几乎所有人都反对远征。各大将领纷纷发言，在各种程度上与曹操的意见相反。

他们认为袁尚乃丧家之犬，就算与乌桓联合，也成不了大气候。乌桓人狡猾，就算和袁家关系再好、感情再深，也不会跟着袁尚的指挥棒转，所以远征乌桓多此一举。长途跋涉，从邺城到乌桓上千里，到时能不能取胜还不一定，如果荆州的刘备唆使刘表趁机进攻许都，到时就后悔莫及了。

还好曹操英明，对部下的集体反对并没有生气。他们的每句话也都说到曹操心坎儿里了，乌桓固然为患，但是南面的刘表、刘备，还有关中豪强也不得不防。如果他远征乌桓，刘备趁机来了怎么办？这几年刘备在新野也拉拢了一大批能人异士。如果他在中原，当然不怕刘备，可他一走，手下虽然兵多将广，但是抵御刘备似乎也没有上佳人选。关键时刻，曹操沉思难定，精心设计的北征计划就要被全盘驳回了。

但也有人支持曹操，这个人就是郭嘉。郭嘉能够精准分析对手，出奇谋险中取胜。冒险往往类似赌博，特别是在军事上的冒险，一旦失败，影响会很大。幸运的是郭嘉手气极佳，每次都能押中。郭嘉能够在三国谋士界拥有众多铁杆粉丝是和工作成效直接相关的。他要么不说话，一说话都是在关键点上，而且每次都说得对。这和他的洞察力是有直接关系的。

虽然荀攸、荀彧、程昱、贾诩都是当时一流的谋士，但比起洞察力，恐怕比郭嘉都要差一点。郭嘉的寿命虽然不长，生命中的闪光点却是非常多的。

郭嘉力挺曹操说："主公，此次要北征，而且一旦出兵即可取胜。只要还有袁家势力，北方的危险就一直存在。但乌桓以为离咱们山长水远，千里之遥，一定想不到咱们会出兵猛打他们，基本已经丧失了警惕性。如果咱们突然袭击必可一战而定。这不是乌桓问题，这是个战略问题。袁家在北方的根太深、太重了，如果现在放过他们去南征刘表，袁家会利用乌桓力量再次组织起来，青州、冀州可能又会成为袁家地盘了。刘表名不符实，除了口才好，清谈有水平，别的能力很差。他也知道自己比不过刘备，所以必然心中防备刘备。如果重用刘备，他怕管不住，如果不给刘备权力，又怕刘备不为他所用，一天到晚活在矛盾中。就算我们把所有兵力都调走北伐，刘表也会认为与他无关。我们又有什么可惧怕的？"

郭嘉的理据可以说是完美而又精彩，有一种让人无法抗拒的魔力，大家听完都哑口无言，一齐看向曹操，等曹操最后拍板。曹操也没什么疑虑了，当即下令出师北伐。

曹操北伐乌桓的时候，南方的刘备心情是很不错的。他得到了两个宝贝：一是通过三顾茅庐，得到了诸葛亮；二是时年四十七岁终于有儿子了。此前刘备没有亲生儿子，收养了长沙郡一个刘姓的好心人的外甥，刘备把养子的名字改成刘封。刘封跟了刘备以后立了不少功劳，为刘备的事业做出了不少贡献。

刘备老来得子，大喜，给儿子取名刘禅。取这个名字就是打算将来让儿子继承王位的意思了，“禅”和刘封的“封”字，组成了“封禅”，也就是天子祭祀天地的意思。当年秦始皇就曾于泰山封禅，取这个名字，刘备的野心几乎是写在脑门上了。可是这种好心情很快被刘表破坏了。

刘备对刘表说：“曹操北征乌桓，正乃我方袭击许都之良机。”刘备的意见很有道理，如果付诸实施，可以对曹操后方构成重大威胁，这也是曹操手下诸将最担心的情况。郭嘉此前说“刘表乃坐谈客罢了”，又被他说中了。刘表果然不听刘备的意见，他接着在襄阳主持一次又一次座谈会，享受着做老大的感觉。碰到这样的合作伙伴，刘备能开心吗？刘表在灯红酒绿的宴席上高谈阔论的时候，曹操正亲自率领大军艰苦跋涉在泥泞的征途上，轻兵简从加速前进。

田畴奇谋

曹操打算一揽子解决东北问题，所以全力出击，麾下最精锐的武将，像张辽、张郃、徐晃、史涣、曹纯等人全部随军出征。这一年五月，大军抵达易县，郭嘉觉得行军速度太慢，二月出发，五月才到这儿，哪有奇袭的效果？于是又建议：“我军长途奔袭，但辎重太多，行动迟缓。我们要的是兵贵神速，一旦乌桓得到消息，他们必定早做准备。这样咱们的计划会泡汤，不如留下辎重快速前进，才可能达到意想不到的效果。”

曹操决定留下大部分步兵和辎重部队，只派精锐轻装前进。果然，队伍非常迅速地来到了吴中（今天津蓟州区）。郭嘉虽然富于远见，可惜这次算漏了一点——天气。这时候已经是农历七月，正是盛夏季节，按曹操的计划，部队从吴中取捷径大道前行。可一过吴中就碰上了大雨天气，通往乌桓的大道变得泥泞不堪，再加上地势低洼，积水不退，大军无法行进。

这一停顿就麻烦了，乌桓方面的侦察兵发现了他们。乌桓得到消息后，在险要地段加强了布防，以逸待劳。当时他们的大本营在柳城，因此在去往柳城的道路上设下重兵把守。这样一来，哪怕不是夏季道路难行，曹军想直取柳城，路上也必然会损失惨重。情况比较尴尬，真是骑虎难下，看起来之前商定的行军路线行不通了，这趟注定要徒劳无功。

就在曹操和手下人心灰意冷，准备撤军休整的时候，大救星来了。古人打仗和现代战争不同。古人作战只能看地图，在三国时代，地图是有偏差的，只能供人看个大概，一条路线中有几条沟、几座山有时候并不能明确显示。古代军事家行军打仗不会因为地图不准确就不开战，弥补的办法也挺多。最实际的办法就是找向导。地图是死的，人是活的。外地人不懂地形，本地人土生土长，了解得要详尽多了。但是既然人是活的，就存在很多的可能性，找向导也容易中计。如果向导是敌人故意留下把你带进设好的伏击圈的，你又不认识地形，被人卖了也只能继续往前走。

所以找个靠谱的向导也是技术活儿，这次曹操的运气不错，有个本地人为他指了一条隐秘的道路。虽然这条路很远很艰险，但最后能通向胜利。这个本地人就是田畴。

田畴这时候正在附近山中隐居，对于这个人，袁家是很看重的。

但是袁绍辟召不到他，袁尚也辟召不到他。曹操走投无路的时候听说了他的贤名，也派使者前往辟召。可以说，正是曹操这种求贤若渴的态度让他在征讨乌桓的战争中大胜而回。为啥田畴愿意为曹操效力呢？因为田畴和乌桓人有仇。他对乌桓军屡屡进犯杀害幽州士大夫的行为十分恼火，但一直以来实力不足，只能窝在山里生闷气。他听说曹操此战是要平定乌桓的时候，决心要帮助曹操。恰巧，曹操的使者奉命前来征召，真是一拍即合。田畴立马放下了往日的孤傲，打点行装，跟随使者前去拜见曹操。

田畴，字子泰，右北平无终（今河北省玉田县）人，会一点武艺。史料上说这个人善击剑，早年在幽州牧刘虞手下当从事。刘虞除了不会打仗，搞政治、搞经济、搞统筹都是一把好手，在和平年代绝对是一等一的好官，在这样的人手下当官，田畴耳濡目染深受影响。他对刘虞忠心耿耿，佩服得不得了，但是没过多久，刘虞就被公孙瓒杀害了，田畴也被公孙瓒抓了起来。公孙瓒发现他没什么劣迹，而且在当地名气很大，所以关了一段时间就把他放了。重获自由后，田畴带领家人躲到山中避战乱，说是避乱，实际是在搞开发。

那时候，袁绍和公孙瓒争夺幽州，双方激战正酣，深受乱世之苦的老百姓听说田畴搞了个世外桃源，口口相传，纷纷前来投奔。短短几年时间，田畴组建的经济开发区由最初的几百户人家发展到了五千多户，影响力越来越大，人多了以后就有了管理问题。史书记载，田畴做的基础工作包括兴建城邑、兴办学校、整顿社会风尚等等。而且还搞了司法创新，努力建设法治社区。为了做到有法可依，田畴制定了法律，婚姻法、刑法都有，虽说不一定健全，但是管用。比如杀人、放火、偷东西之类的罪行比较常见，田畴对此都有明文规定。犯罪情节轻微的罚款、劳动改造，性质恶劣的杀头。史书原文说："畴乃为约束，相杀伤、犯盗、诤讼之法，法重者致死，其次顶罪，二十余条。"田畴为这些罪行制定的法律有二十多条，老百姓自己的法律自己解释、自己裁决、自己执行。山上秩序井然，连周边少数民族也不由得对田畴肃然起敬，纷纷向他表达了合作意向，不敢随便来闹事了。

田畴事业越做越大，名气也越来越响，之后传到袁绍耳朵里了。袁绍虽然优柔寡断，但也懂得招揽人才，听说田畴这么能干，决定向勇于创新的田畴发出英雄帖，请他出山为更广大的人民群众服务。可田畴婉言谢绝了。原因很简单，他到山里是为了积蓄力量给老领导刘虞报仇。袁绍不死心，想：自己已经吞并公孙瓒为你的领导报仇了，你怎么还不给面子？为了展现诚意，袁绍接二连三地发出邀请，甚至连将军印都刻好了，让人带过来。但田畴接二连三地拒绝。田畴是想报仇，不过仇恨的对象已经不是公孙瓒，而是转移在乌桓部落上了。

田畴老家属于右北平郡，恰好是乌桓势力范围。乌桓人对本地老百姓没有什么客气可言，看上的东西就要，要不到的就抢，抢了不给就杀人放火。田畴对这种邻居没有任何好感。眼看着乡亲们房子被烧了、财产被抢了、人被杀了，他却无能为力。那时候幽、青、并、冀四州都归袁绍管，袁绍和乌桓是亲家，有和亲协议，关系相当紧密。所以田畴是决不会投靠袁绍的。

田畴是在等一个合适的时机和一个合适的人，曹操正是这个人。所以曹操的使者来了，田畴二话不说就去了。还有另外一个原因，田畴的好朋友已经到曹操那里探过路了，反馈的信息是曹老板很爱才，值得信赖。

曹操征召田畴之前，也不知道田畴熟悉当地路线，只觉得他是个人才，对他十分钦佩。田畴来到曹营后，为人很低调，曹操主动搭讪，他才会回复几句。曹军中的武将除了夏侯惇平时比较尊敬士人，和田畴关系比较好，其他人和他都不太合得来。也就是这时候，曹操碰上了道路不通、乌桓又有准备的双重烦恼。郁闷之下，想起田畴此前在这里隐居，说不定会有办法，所以抱着死马当活马医的想法向田畴问计。

不问不知道，一问吓一跳，田畴还真知道一条小路直通乌桓。田畴不但是本地名士，还是本地通。听完曹操的苦恼后，他微微一笑，指出乌桓主力布置在无终一线，只要另找小路从徐无山翻过去，到达北平郡治平岗县，再直捣柳城即可。他说，这条路人迹罕至，毁坏严重，十分难走，只有克服困难，才能出其不意。另外他还建议为了迷惑敌人而制造假象，假装撤军班师以麻痹敌人。

白狼山之战

曹操大喜，立刻下令退军，派人在路旁竖了一块公告牌，上面写着：方今夏暑，道路不通，且俟秋冬，乃复进军。意思是："现在天气热，道路积水又不能走，我们先走了。到秋天我们再过来，你们要积极备战，做好充分准备。"

有点脑子的人一看就知道这是骗人的，连撤军的理由都写得清清楚楚，不是蠢就是坏。乌桓人很单纯，他们觉得曹操蠢。于是乌桓侦察兵大喜，一路狂奔向自家老大汇报。乌桓首领蹋顿原本很狡猾，可是这次也上当了。前方传来消息说确实没发现曹军主力，再加上小广告牌写得真切，蹋顿慢慢就相信了，后来也就懈怠了。打仗有什么乐趣吗？特别是和曹操这种人打，远远比不上和袁尚、袁熙喝酒有趣。

蹋顿万万没想到，曹操组织了一支轻骑部队，扔掉辎重，上了徐无山。士兵一丝不苟地沿田畴指出的小路艰难开进。田畴说的那条小路经过卢龙塞，西汉时是前线要道，匈奴人经常通过这条小路对边关进行骚扰。后来匈奴人被打得一路北逃，这条小路也就没人用了。从东汉初年到现在，基本没人走，就荒废了。虽然这条路多年不通，但是曹操的眼里立刻放光了。所谓兵贵神速，曹操没有太多时间思考，当下任用田畴为向导官，从卢龙塞直取乌桓。道路已经被草木“淹没”了，和重新开一条路差不多。曹军逢山开山遇谷填谷，行军一个多月，前后走了五百多里，来到了离柳城二百多里的白狼山。

白狼山不太出名，它以前的名字却闻名天下，在中华历史上是一个金光闪闪的存在。春秋时期白狼山叫首阳山，伯夷、叔齐就隐居在这里，因为不吃周朝的粮食，最后饿死了。

乌桓人听说白狼山突然出现很多人，赶紧派出哨探，这才发现曹军来了。乌桓人这才恍然大悟，原来那块牌子是骗人的。蹋顿知道曹军主力真飞到自己眼前了，赶紧扔掉酒杯，仓促应战，把袁尚、袁熙叫来，又联合辽西另外几个单于一起出兵迎战。

曹操如果稳扎稳打，赢已经没有悬念了。可战争的形势变幻莫测，就在曹操胜券在握的时候，事情又出现了转折，曹操再次差点丢了命。

建安十二年（206）八月，曹操登上了白狼山，他信心满满，觉得这次偷袭肯定能大获全胜。可是没想到，他登上白狼山时正好碰上了乌桓主力。这次偶遇完全出乎意料，曹操自然是临危不惧，但也得看实际情况。

曹军长途行军，体力消耗过半，虽说随行的皆是精锐，但不足万人，战斗力有限。更糟糕的是，打仗需要辎重补给，这一趟轻装前进，辎重全在后面，很多将士甚至连铠甲都没有。对面的敌人铺天盖地，黑压压一片，一眼望去，数量是自己的好几倍，天气很热，但曹军的心里很冷，大家开始害怕了。是福不是祸，是祸躲不过。既然躲不开了，那就决战吧。

曹操命令部队稳住阵脚，爬上山坡观察敌情。他身后是卢龙塞，面前是骁勇善战的乌桓军，后退的道路艰险难走。假如这一战败了，别说偷袭，留给自己的只有死亡。虽说曹操久经沙场，但在如此艰难的情况下和敌人决战还是第一次。站在白狼山制高点的曹操一开始心也是灰的，可是他忽然发现敌军人数虽多，但行动缓慢，军容不整，表现麻木，完全没有气势。他明白了，乌桓军虽然来势汹汹，但平日里野惯了，在平原上打仗，大吼大叫乱砍，单兵掠夺能力很强，但如果到山里列阵攻击，恐怕比自己手下的精锐正规部队还是差了一大截。明白了这一点，曹操顿时找回了一些自信，但是统帅有信心不等于士兵有能力。疲惫不堪的士兵是领会不到主帅的心思的。

这时张辽见手下个个沮丧，劝曹操趁乌桓军还没有列队，以迅雷不及掩耳的速度出击，打敌人个措手不及。史书记载，张辽和曹操的对答语气十分坚定，勇气十足，丝毫没有怯战。“气盛愤，壮之。”有这样的勇士相助，曹操还有什么可担心的？他当即兴奋大喊：“谁当先锋，谁敢当此大任？”张辽领命而去。

张辽不愧是三国名将，手持令旗，一声呐喊，带领手下士卒奋不顾身地向乌桓军冲了过去，曹军上下都知道此战绝无退路，必须置于死地方可后生，所以打起仗来以一当十。乌桓兵虽多，肌肉也发达，装备也不落后，可一是应战太仓促，没有做好思想准备；二是临时拼凑起来的部队各有各的指挥系统，小单位各自为战。乌桓军正在乱哄哄列队的时候，看见曹军不要命似的冲了过来，一下子乱套了。前线士兵想转身逃跑，后面将军想组织士兵反击，结果兵找不到将，将管不住兵，被曹军一冲，不住向后退。战斗中一旦乱了阵脚，就会任人宰割了。

这场乱战开始后没多久，虎豹骑就在乱军中冲到了单于蹋顿面前，原先牛气冲天的单于在大乱中不知被谁一刀杀了。乌桓军群龙无首，还打什么，逃命为先。

这一仗曹军斩杀蹋顿及有名号的乌桓各王，收编胡人、汉人降军共计二十多万人。曹操一举灭掉了乌桓势力，张辽也凭借这一战声威大振，成为一颗冉冉升起的将星。

乌桓人好好的机会没把握住，可见，不管士卒多强悍，战争胜负还要看主将的意志。假如曹操犹豫不战，这一仗根本就打不了。如果乌桓单于蹋顿再厉害一点，不管曹操水平多高，战场的劣势始终摆在那里，谅他也逃不过这一劫。

白狼山之战曹军大获全胜，这次赌博式的胜利来之不易。此战之后，曹操率领主力攻克了柳城，蹋顿和乌桓精锐已经在白狼山一战中被打光了，曹操攻打柳城时基本没碰上太像样的抵抗。袁尚、袁熙看形势不妙，早带领手下亲信跑到了辽东，投奔公孙康去了。

定四州

袁氏兄弟又逃了，曹操却没有继续追击，而是信心满满地对大家说，只须安心休养，好消息自然会来。

什么好消息？

有人会送二袁的人头过来。

谁会送过来？

公孙康。

大家都不信，难道主公早就收买了公孙康？

曹操此前和公孙康没约定，但曹操认为，自己现在进逼公孙康，公孙康为了自保会和二袁联手；如果自己撤军，公孙康认为危险警报解除，会对二袁下手。

事实证明曹操的判断完全正确。公孙康很精明，他怕的不仅是曹操，还有二袁。毕竟袁尚、袁熙手里还有几千骑兵，也不是吃素的。曹操、袁家兄弟、公孙康都在权衡和博弈，曹操用实际行动向公孙康表明："我是不会攻打辽东的。"公孙康就有了另外的想法。袁尚、袁熙来投奔他的时候，他意识到这可能会招致杀身之祸，但是依然十分慷慨地收留了他们。曹操表明态度以后，公孙康放心了，二袁现在已经没有价值了。不但没有价值，反而是威胁。他们万一哪天反客为主，后果会相当可怕。实际上这种担心不是没有道理，袁尚确实有这样的想法。

很快，公孙康在府上埋伏下甲兵，请二袁过来喝酒。直到这时，二袁还在做春秋大梦，打算趁着公孙康款待自己时，将他擒杀，再利用手下骑兵占领辽东，以此为根据地发展壮大后再找曹操报仇。两人乐呵呵地走进门来，还没坐稳，甲兵一拥而出。袁尚、袁熙虽然也是战将，但在毫无准备的情况下哪里是全副武装的士兵们的对手，没多久就被五花大绑扔到地上。公孙康命令甲兵将二袁斩首后，特意挑选了快马，将他们的人头送到了曹操那里。曹操收到这份大礼，下令将人头展览示众，然后以汉献帝的名义封公孙康为左将军，封襄平侯。

至此，袁绍北方四州全部纳入曹操版图。此后多年，中原北方平安无事。

第八章

爱哭的刘备有糖吃

郭嘉之死

建安十二年（207）九月，曹军从柳城班师，回军依然困难重重。一路上状况极为恶劣，加上已经到秋冬季节，天气十分寒冷。从柳城回来的几百里路上没有后勤补给，缺水缺粮，再加上水土不服，身子骨单薄一点的人就病倒了。

正是物极必反。喜事多了，坏事就跟着来了。很快一个晴天霹雳传到曹操耳朵里——郭嘉病重。

郭嘉是最了解曹操个性的人，两人名为主仆，实为益友。年纪相差十五岁，但关系十分亲密，像朋友一样。曹操军纪很严，也爱斗狠斗硬，偏偏郭嘉是个不守规矩的人，要换成是别人估计早就被打发回家了。曹操对郭嘉特别宽厚，说“此乃非常之人，不以常理拘之”。别以为曹操只是做嘴皮子功夫，他绝对言行一致，比如军中有个搞纪检工作的陈群就看郭嘉不顺眼，老是揪他小辫子，扯着个人作风问题就到曹操那儿告状。结果总是陈群得到了高度表扬，表扬完了就没下文了，至于怎么处理郭嘉，曹操似乎忘记了。

郭嘉刚生病的时候，曹操正在前线打仗，知道这件事后揪心不已，赶紧派人去看。随着郭嘉病重，曹操派出探望的使者往来不绝。郭嘉撑到了易城，病情加重，没过多久便离世了，年仅三十八岁。

曹操听到消息，立刻下令隆重举办追悼活动，亲自出席。祭奠仪式上曹操碰到荀攸等人，非常悲伤地说："诸君年皆孤辈也，唯奉孝最少，天下事竟，欲以后事属之，则中年夭折，命也夫！"意思是说："诸位都是同辈，只有郭奉孝最为年轻，我本想天下平定以后把身后之事托付给他，哪知道他却英年早逝，这都是命。"这话很真诚，绝对没有半点虚假。赤壁之战兵败后，曹操再次想起郭嘉，对手下败军之将捶胸顿足地说："若奉孝在，不使孤至此，哀哉奉孝，痛哉奉孝，惜哉奉孝。"

其后，曹操上表汉献帝，追谥郭嘉为贞侯，赏食邑一千户，由儿子郭奕继承爵位。

对于郭嘉来说，在人世走一趟，能被一个英雄如此欣赏、惦记也值了。

《三国演义》里有一章叫"郭嘉遗计定辽东"。郭嘉是智谋过人，但说他留下计策平定辽东是虚构的。如果郭嘉不死，肯定会成为曹魏的首席大臣，那司马懿能有多大作为实在不好说。从这个角度讲，郭嘉的逝去确实对历史产生了重大影响，在罗贯中笔下还有一层意思：郭嘉不死，卧龙不出。他去世以后，诸葛亮才闪亮登场。

《三国演义》还借后人之名写了一首诗赞美郭嘉：

天生郭奉孝，豪杰冠群英。

腹中藏经史，胸中银甲兵。

运谋如范蠡，决策似陈平。

可惜身先丧，中原栋梁倾。

把古时几个奇谋之人罗列进来当郭嘉的绿叶，说郭嘉是可以和陈平、范蠡相比的人，在曹操手下这么多谋士里，只有他在罗贯中的笔下享受到了这个待遇。

建安十三年（208）正月，曹操回到邺城，开始总结表彰。除了去世的郭嘉外，居功至伟的还有田畴。因为他献了奇谋，千里奔袭乌桓才有可能成功，所以他被封为亭侯。但田畴不愿意接受任何封赏。曹操三番五次地给，他三番五次地推。曹操还专门派夏侯惇去做思想动员工作，田畴也没答应。

田畴说只想实现自己的抱负为家乡父老报仇，此外别无所求。他始终是一个隐士，一个让人尊重的隐士。面对这样拧巴的人，曹操只能给个类似顾问的议郎的虚衔。

功臣表彰完了，曹操也没有忘记那些反对派，下令对这波人展开调查，统计到底有哪些人曾经反对过他的意见。这可把大家吓坏了，以为他是要秋后算账了。于是个个心里七上八下，惴惴不安。哪知道调查工作结束后，反对派却获得了意外惊喜。曹操按人头给他们发了奖。曹操很真诚地说："这次征讨乌桓侥幸成功了，现在回头看实在是冒险，只能偶尔为之，不能经常如此。你们当初反对我的意见，提出自己的想法，那是万全之策。所以我要厚赏你们，你们以后有什么看法，不要顾虑，尽管讲。"

孔融之死

这一年，还有一个非常重要的人物要离开。说重要是精神层面上的，是对于后人来说的，对于当时的曹操来说，这个人是个大麻烦，他就是孔融。

对于我们来说，孔融是孔子后裔，聪明过人，从小就知道礼义廉耻。很多家长教育孩子的时候，都会提到孔融。但对于当时的曹操来说，孔融最大的特点是话太多。

曹操想杀孔融很久了。建安九年（204），曹操攻占邺城后，兼任冀州牧。一个人一旦有了权力，不可避免会有小人投其所好。有人拍马屁，建议曹操恢复古代九州制。说了一大堆理由，真正的理由只有一个——古代九州里冀州最大，曹操担任了冀州牧，如果恢复九州制，他就可以通过冀州牧这个名头号令其他州。

这种遵循古制让自己扩大权力的方式，曹操很难拒绝。古代九州是中国的另外一个叫法，九州的概念最早是在《尚书》中出现的。书中将中国分为冀州、兖州、青州、徐州、扬州、荆州、豫州、梁州和雍州九个州。西汉有并州、冀州、幽州、青州、兖州、豫州、徐州、扬州、交趾、荆州、益州、朔方及凉州十三州。东汉也有十三州，即并州、冀州、幽州、青州、兖州、豫州、徐州、扬州、交州、荆州、益州、司州及凉州。恢复古时的九州，也就是要对各方势力重新洗牌，只不过洗牌的人是曹操。

对于这个让曹操得意非凡的建议，大家的态度是怎样的呢？小人先不说了。一贯和曹操站在一起的荀彧表示反对。他写信给曹操说："恢复古九州，冀州就应该得到很多本属于其他州的郡县。现在刚刚破了袁尚，这时候恢复古制，大家会心生恐惧，担心被夺走土地，必然会拼命死守。那样天下就无法统一。”

后来荀彧还在各种问题上反对过曹操，主要反对曹操拥有更大的权力，因为在荀彧心目中，他扶持的是汉朝而不是曹操。这次，荀彧显然不是曹操生气的对象，孔融比他更过分，他的话很难听。孔融一开始说支持恢复古九州制，曹操十分高兴，想着这个书呆子脑子终于会转弯了。可是孔融接下来说：“九州乃是古制，王畿制也是古制，恢复九州，是不是也要恢复王畿制？”曹操一听顿时傻眼了。王畿制也出于周礼，首都附近方圆千里曰王畿，是皇帝直属管区，按照王畿制，以许都为圆心，千里之内都应该归入天子直管范围。这样，豫州、兖州、冀州大部分地区，也就是曹操的根据地都是天子的后花园了。这不就亏了？亏本买卖曹操会做吗？曹操无奈下令终止关于恢复古九州制的讨论，但是在心里已经暗暗给孔融和荀彧记了一笔黑账。

恢复古九州制是国家大事，孔融这也算参政议政了。可是曹操的家事他也管。攻破邺城后，曹丕娶了甄氏。孔融给曹操写了封信，祝贺他说：“武王伐纣，以妲己赐周公。”意思是说周武王讨伐纣王后，将用美色把纣王迷得七荤八素的妲己赐给了自己的兄弟周公。

纵然曹操读过那么多典籍，也想不出这个典故从何而来。历史上真有这事吗？周公旦真的纳了妲己吗？曹操后来见了孔融，还非常虚心地讨教：“先生，武王把妲己赐给周公出自何典？”孔融听了半笑不笑，说：“以今度之，想当然耳。”这番对话记载在《后汉书·孔融传》中。意思是说，他是根据当时情况，按自己的想法编出来的。

曹操无语，原来孔融是有意笑话曹家。别说是曹操，谁听到有人这么说自己，都会想扑上来打人。只不过当时孔融名声太大，如果直接杀了他，会留下打击迫害人才的嫌疑，最好让别人去杀孔融。可是天下之大，谁敢杀孔融呢？曹操苦苦思索。

过了几年，曹操要奔袭乌桓，孔融又写了一封信反对。其实如果正常提意见，曹操也没话可说。毕竟给他提意见的人多了，反对远征乌桓的人俯拾皆是，为什么偏偏孔融让他印象特别深刻呢？因为他对曹操大加讥讽。原文是："大将军远征，萧条海外。昔肃慎不贡楛矢，丁零盗苏武牛羊，可并案也。"大将军指的是曹操，肃慎指中国古代东北少数民族，是现代满族的祖先，传说在舜禹时代肃慎已经和中原有联系了，一直给中原朝贡当地的特产。其中有种特产叫楛，是当地的一种植物，类似荆条，茎很粗，很坚硬，可以做成箭杆，就等于肃慎进贡的是军事物资。丁零也是中国古代北方的民族名称。到三国时，还有一部分丁零人在今天贝加尔湖以南逐水草而生，过着游牧生活。孔融的意思是："曹大将军，您要远征乌桓是好事。既然出去了，干脆把其他事也结了，比如肃慎当年不进贡箭杆，丁零在苏武牧羊的时候去偷鸡摸狗，把牛、羊给牵走了，可一起把这两个民族也教训了。"

当你兴致勃勃要去做一件事的时候，有人用这种方式泼冷水，还讽刺挖苦，你会有什么想法？可想而知，曹操对孔融的厌恶会达到何等程度。曹操已经起了杀心，只不过远征乌桓更重要，暂时把这事放下了。

曹操和孔融的矛盾在北征乌桓之后彻底爆发。班师回朝后，曹操颁布了禁酒令，说饮酒丧德，为正世风，必须禁酒。但孔融家里照例高朋满座，觥筹交错，大家喝得很开心。有好心人提醒他："孔先生，曹公颁布禁酒令，您就少喝点，让大家都散了吧。”孔融正在开怀畅饮，兴致正高，一听这话，把杯子一摔，说：“什么狗屁禁令，我是圣人后代，孔子二十世孙，我喝杯酒怎么了？拿禁酒令给我看看。”品着酒读完了禁酒令，孔融开始给曹操写信，反驳禁酒令。曹操说饮酒无德，孔融说天上有酒旗星，地下有酒泉郡，人称海量为酒德。曹操说饮酒误事，孔融说古圣贤喜欢喝酒的一抓一大把，帝尧千盅不醉、孔夫子百沽不倒、刘邦醉斩白蛇起事、樊哙醉解鸿门之危。曹操说饮酒亡国，孔融说夏桀和商纣都是因为女色亡国，要这么说，干脆把男女婚配也禁了得了。

禁酒当然是官面文章，说什么道德之类都是虚的，实际上曹操是想从酒杯里把粮食省下来补给军队。孔融不傻，他能看不出这一点？他是揣着明白装糊涂搅曹操的局。孔融是圣人后代，影响力大，分分钟引领舆论导向。正因为如此，曹操不得不耐着性子给孔融回信，说明了禁酒的必要性。可是孔融接连回了好几封信，语气越来越傲慢，甚至开始侮辱人。每次写完信，他总是大摆宴席，对一屋子前来蹭酒喝的朋友夸张地感叹说：“座上客常满，樽中酒不空，我是再也没有什么忧愁了。”

碰到这种人，正常人也足够头疼了，何况曹操原本就有头疼病。建安十三年（208）二月，曹操的头疼病又发作了，请华佗来为自己治病，结果诊疗效果不好。当年四月，曹操下令杀了华佗。连名医都开始杀了，孔融的命还能留多久？

荀彧和孔融虽然阻挡了曹操恢复古九州制的步伐，但这并不能阻挡他的权力扩张。摆平辽东后，曹操天下独尊，官职仅是个司空，与司徒赵温并列三公，曹操不能越过赵温过问司徒要管的事。司徒管的是民政，曹操要治国，要管的事儿相当多，和司徒的职权重叠怎么办？把赵温踢走，不让他做三公。于是建安十三年（208）春天，曹操罢免了赵温，又把自己从司空的位置上也罢免了，于是三公制度彻底和三国舞台说再见了。

罢免了司空职位之后，曹操自我任命为丞相。丞相是秦始皇接受李斯的建议设置的。当时设立了三公九卿制，太尉负责管理全国军事，丞相负责辅助皇帝管理全国政事，御史大夫负责监察百官。群臣上奏章，或皇帝下诏令都要经过御史大夫。虽说后来改朝换代，但制度一直沿袭。在西汉成帝以前，基本上都是丞相制，三公没有实际权力，主要是丞相在治理国家，这样，权力就慢慢高度集中了。

汉成帝为了限制丞相权力过大，把御史大夫改为司空，与大司马、丞相并列为三公。到了东汉，不再设丞相，三公变成太尉、司空和司徒。现在曹操要掌握权力，又恢复了丞相制。这年六月，曹操正式当上了汉朝丞相。

按照丞相制，还应该设立御史大夫，作为丞相的副手，负责监察百官，需要德高望重的人来担任。这年八月二十三日，曹操公布的御史大夫人选是郗虑。这个人有学识，还担任过侍中守光禄勋，位列九卿。问题是他之前的职责是守卫宫殿门户，资历比较浅，经验也不算丰富，怎么能胜任御史大夫呢?

有一点很重要，郗虑和孔融关系非常糟糕。他当上御史大夫了，如果搞不定孔融，由着孔融乱说话，就不要谈管理百官了。

对于任命郗虑为御史大夫，汉献帝也有不同意见。汉献帝早就是个摆设，失去了对官吏的实际任免权。他只能在曹操确定的任免书上盖个章、签个字。看到曹操推荐郗虑的时候，汉献帝还是没忍住当着郗虑的面问孔融："郗先生有什么特长？"孔融非常直接地说，不能让他掌权。

郗虑虽然在三国历史上算不得大人物，但往往小人物才不好惹。他当时就发飙了，指着孔融的鼻子说："孔融当年主政北海，政治混乱，人民流散，此人能力又在哪里？"两人翻脸后，曹操还做了一次"和事佬"，分别写信给两个人，让他们和好。

可惜曹操无法消除郗虑和孔融之间的隔阂。郗虑上任之后就开始搜集孔融的罪证，他早就给孔融找了很多罪名。最后他总结出了四条，这四条罪足以判孔融死好几次了。接着，郗虑指使亲信路粹写检举信上报曹丞相。

郗虑是御史大夫，对皇帝负责，他如果自己写检举信得交给皇上。但是汉献帝应该不会杀孔融，而路粹的官职是军谋祭酒，属于丞相府，他可以把检举信交给曹操。这样曹操就可以名正言顺地处理孔融了。

有人检举孔融，曹操立刻做了判决。八月二十九日，在许都中心广场上，大名鼎鼎的孔融被斩首示众。

孔融被抓的时候，他的两个孩子正在别人家做客。消息传来时，两个小孩神色如常。一旁的大人都急了，说："你们父亲被抓了，还不站起来？"他们不紧不慢地回答："大人，岂见覆巢之下，复有完卵乎？"这段话被记载于《世说新语》里，也是"覆巢之下，安有完卵"这句成语的出处。当然孩子不是神仙，也会害怕。主人家给俩孩子端来肉汤，哥哥渴了端起来喝。妹妹说："有今日之祸，岂能活得太久？以后还能知道肉味吗？"哥哥听了，号啕大哭。这两个小孩和当年的孔融一样，水平相当高。很快有好事的人跑到曹操那里报告说孔融一子一女非同寻常。曹操就说，不能留有余患，直接杀了。于是两个无辜的孩子也被押上刑场。临死之前，妹妹对哥哥说："如果死后有知，我们就能马上见到父母了，这不正是我们所盼望的？”

曹操为什么要杀孔融呢？普遍认为孔融是祸从口出，连孔融也是这么认为的，临死前还写了一首诗，头两句是“言多令事败，器漏苦不密”。说自己话说多了，招致杀身之祸。但是比较一下祢衡，祢衡曾经脱了衣服用拐杖敲地骂曹操，曹操也没杀他。假如孔融不是圣人后代，曹操也许也不会杀他，杀了这样的大人物才能镇住天下。杀了祢衡只会落得一个滥杀的名声。

如今曹操被越来越多的人视为国贼，他必须要立威。孔融一死，人们都毕恭毕敬地称他为曹丞相。现在曹丞相准备放开手脚，南下进攻荆州了。实际上，曹操七月就出征了，杀孔融的命令是在路上下达的。曹操之所以要去出征荆州，是因为荆州眼瞅着要旁落了，还是落入他最不乐意见到的刘备手中。

马跃檀溪

这些年南方发生什么事了？南方的事情主要有两块：一是荆州，一是江东。

先说荆州的刘表。刘表这些年来有很多机会可以进军中原，可他基本没动过。也不是说他手下人没建议过，是他始终没有采纳。曹操、袁绍决战官渡，他在观望；曹操北上讨伐二袁，他还在观望；曹操去打乌桓，他依然在观望。很多人都说他这是反应迟钝，目光短浅。这种说法对也不对。

那时候天下大乱，人的心态不能用平时的标准衡量，各种各样的人，各式各样的想法，在乱世中不断出现。有人目光远大要统一中原，也有的人思想保守，只想做好分内的事情。用同一种想法、同一种价值观拉一条红线，这是不客观的。不能站在枭雄的角度去看保守的人，那些人未必渺小，他们只要把手头的事情做得比别人好就成了，比如幽州的刘虞和荆州的刘表。

刘表的内心是不喜欢战争的，他养兵是为了保住荆州这块乱世中的净土。如果以这样的角度看问题，实际上刘表在荆州还是蛮有成就的。第一个成就是，爱护老百姓，发展农业。不少中原地带的老百姓深受战争之苦，到荆州避难，刘表一一接纳，好生安置。这有点像幽州的刘虞、徐州的陶谦。治理天下讲究的是文治武功，不但有武，还应该有文。我们欣赏三国的英雄，不能只欣赏他们在战场上的伟业。在乱世中能够文治天下的也不是一般人，这些人不求问鼎中原，只求一方平安，让老百姓有好日子过，也让人肃然起敬。

刘表的另一个成就是吸纳人才，大力发展教育，开立学馆，博求儒士。从建安三年（198）到建安十三年（208），中原战乱不断，可对于荆州来说，这是黄金十年，与中原大地“千里无鸡鸣，白骨露于野”的惨状相比，荆州绝对是世外桃源，吸引力与日俱增。在荆州出现的名人一波又一波，比如王粲、王肃、水镜先生司马徽、卧龙诸葛亮、凤雏庞统、庞德公、徐庶等等。这些人在三国历史上闪闪发光，有这些名人，荆州自然成为当时全国的文化中心，学术氛围非常浓厚。在刘表的带领下，一些研究《易经》为主的人士逐步形成了荆州学派，影响遍及三国。

刘表是比较爱惜人才的，他看好庞德公，觉得庞德公隐居可惜了，应该出来为政府效力。于是刘表亲自登门造访，一次不行两次，两次不行三次，甚至到田间地头和这位名人促膝谈心。除了文人，荆州地区还有一些武将也是三国时期鼎鼎有名的，像甘宁、黄忠、魏延等等。

投奔刘表以后，刘备终于可以喘口气了，不再被曹操追得到处跑了。几年的休养生息，为刘备的大业奠定了基础。先打了一场博望坡之战，打败了夏侯惇，刘备的人气指数大幅度飙升，此后几年，他都在致力于军队扩建、人才招募。刘备麾下的大将，关羽、张飞、赵云，个个都是治军能手。刚招募的新兵经过一番调教，立马成为精兵悍卒。这个集团经过多年动荡，似乎有了转机。

刘备事业发展得不错，有人开始看他不顺眼了。刘表手下有个叫蔡瑁的人觉得刘备到荆州不仅占据了地盘，还分流了人气，如果长期在荆州待下去，绝对不是一件好事。

蔡瑁，字德珪，襄阳蔡州人，从小骄横，但是和曹操的关系不错。后来刘琮投降曹操，曹操还专门到蔡瑁家看望他全家。蔡家是东汉末年荆州的名门望族，资产多到无法统计。家里的丫鬟有几百人，房地产有几十处，装修极尽豪华。蔡瑁的姑母是太尉赵温之妻，他的两个姐姐分别嫁给了黄承彦和刘表。

蔡瑁之所以想干掉刘备，是因为他知道刘备不是泛泛之辈，不可能长期寄人篱下。荆州目前是刘表说了算，蔡家是既得利益者，有权有势。如果刘表死了，谁能保证刘备不会乘虚而入？他以前在徐州就是这么干的，所以必须先下手为强做掉他。另外一个要除掉刘备的重要原因跟刘表家的继承权问题有关。

此时刘表已经六十多岁，有两个儿子，大儿子刘琦各方面都像老爸，刘表一开始也很喜欢长子。因为政治联姻的关系，蔡家的侄女嫁给了刘表二儿子刘琮，所以蔡瑁更喜欢刘琮。刘表的老婆不住地吹枕边风，蔡瑁也没闲着，和刘表的外甥张允不断说刘琦的坏话。有点老糊涂的刘表也开始逐渐疏远刘琦。

刘琦在家人缘不好，但在外人缘不错。有证据显示，他和刘备之间的走动非常频繁，关系很不错。虽然当时是普通朋友关系，刘备无意插手刘表的家事，可蔡瑁不这么想。

综合这两个原因，刘备非死不可。当然，这种事情最好能得到一把手的支持，偏偏刘表的反应很冷淡。领导不支持，那就单干吧，刘备经常到襄阳和刘表喝酒就是好机会。

一天，刘备再次获邀参加聚会。刘备一去就发现这是一场鸿门宴，宴会之上隐隐觉得气氛不对，于是他学习了刘邦的做法。刘备说内急要去茅房，一出门就迅速开溜了。正史中记载他“伪如厕潜遁去”。

刘备半天没回来，蔡瑁觉得不对劲儿，立刻带人追赶。刘备慌不择路，没有按原路返回，而是往襄阳城西跑，那边有条河，叫檀溪，拦住了他的去路。前面是汩汩的溪水，后面的追兵越来越近，喊杀声此起彼伏，刘备只能赌一把，硬着头皮往前冲。刘备骑马冲到溪水里，但是水流太急，一人一马困在河里，急得刘备满头是汗，大声地喊：“的卢，的卢，妨吾！”刘备的马叫的卢，当时大家都认为这种马妨主。不知道是刘备运气太好，还是的卢马听得懂人话，它一跃而起，蹦出了溪水。这就是赫赫有名的马跃檀溪的故事。

刘备哭赘肉

发生了这种追杀事件，刘备后来为啥还能和刘表相安无事？这件事得两看。蔡瑁他们想杀刘备是有可能的。刘备发现事情不妙，逃走也是可能的，至于的卢马陷在溪水或者河水里，还能冲破重重阻力，把刘备带出去，多多少少有夸张成分。至于发生了一些不愉快的事件，刘备、刘表还能相安无事，也不是不可能的。虽然刘表不太喜欢刘备，防着刘备，但还不至于动杀人的念头。因为刘备对他而言是有用的，比如两个恶邻曹操、孙权打过来，可以让刘备上去挡刀子。所以刘表虽然不想让刘备发展壮大，但也绝对不希望刘备稀里糊涂就被杀了。

在荆州期间，刘备还是为刘表出谋划策过的。根据《汉晋春秋》记载，曹操开始征讨乌桓的时候，一向看起来没什么计谋的刘备劝说刘表起兵袭击许都。可刘表瞻前顾后，一直不敢下手。直到曹操凯旋了，刘表才后悔，对刘备说："不用君言，失此难逢之机。"刘备只能安慰他说："今天下分裂，干戈日起，机会岂有尽乎？若能应之于后，未足为恨也。"

既然机会已经失去了，刘备只能继续给刘表做"三陪"，陪吃、陪酒、陪聊。有刘备作陪，刘表清谈起来更过瘾了。有一天，刘备、许汜和刘表共论天下之事。许汜曾是吕布的属下，曹操、刘备联手包围下邳的时候，他曾经冒死出城向袁术求救。后来吕布战败，他投奔了刘表。不知道是谁忽然谈起了陈登（字元龙）。许汜说："陈元龙就是个江湖混混，骄矜之气至今犹在。"刘备没有立刻表明态度，这也是他一贯的作风，很擅长把心思埋在肚子里。他只是转过头问刘表觉得许先生所言对不对。刘表想了一想，要说不对吧，许汜是个好人，是不会随便说人坏话的；要说对吧，陈元龙名满天下。这该如何评论？这时刘备就问许汜："先生认为陈元龙狂妄有何根据？"许汜脸上露出委屈神色，说："有一次我因世道动荡流落下邳，见到陈元龙，他毫无客主之礼，很久都不搭理我，自顾自上大床高卧，让客人坐在下床。"刘备依然不动声色回答说："先生素有国士之风，现在天下大乱，帝王流离失所。元龙希望您忧国忘家，匡扶汉室，可您却向元龙提出了求田问舍的要求，言谈也无甚新意。这当然是元龙所讨厌的。您有什么理由要求元龙和您说话呢？假如当时是在下，我也会到百尺高楼上高卧，让你们睡在地下，又岂止是区区上下床的区别？"

许汜是选择性忘记了一些事情，然后断章取义片段性描述，刘备听了却毫不客气地还原了事情的全貌。这番话说完，许汜羞得恨不得立刻消失。刘备也够损的，明知道许汜和陈登的过节，偏偏先问刘表的立场，一来表现自己谦恭，二来挖了个坑让刘表跳。幸好刘表没有上当，只是哈哈大笑。这事到了南宋，被大词人辛弃疾写到了《水龙吟·登建康赏心亭》里："求田问舍，怕应羞见，刘郎才气。"

这几年，刘备在荆州过得不错，经常和刘表喝酒聊天。有一回，他情绪激动了。他到荆州拜访刘表，刘表设宴款待，他内急跑到茅房发现自己身上的肥肉一大堆。以往多年刘备不是在打仗，就是在逃命，但是最近骑马打仗逐渐荒废了，原本的肌肉因为长期不受力变成肥肉了。想到这一点，刘备忍不住流下泪来，不是计较身材，而是肥肉长出来说明自己荒废太久了，怪不得关羽和张飞天天嚷嚷手中的兵器已经生锈了。

刘表极力招待，但刘备还是因为赘肉苦恼不堪，也许青春的流逝太让人恐慌了，精通藏心术的刘备居然把心思写在了脸上。刘表糊涂了，就问他怎么了。刘备长叹一声：“从前常常身不离鞍，腿上没肥肉，这几年马骑得少了，大腿上赘肉丛生，想来我已经四十多岁了，堂堂七尺男儿，功业无成。”说着刘备又开始流泪了。刘表皮笑肉不笑地挤出一句：“左将军，可是期待一战？”话虽这么说，刘表内心却是一阵阵反胃，心想：刘备在我这里日子过得挺安稳的，还期望着打仗，难道想反？如果你敢动手，就别怪我不客气。

从这以后，刘表对刘备更加戒备。其实刘表是读不懂刘备的心，更无法理解他的痛，已过中年的刘备压力比山还大，事业无成，归宿也不知道在哪儿，这就是中年危机。刘备知道自己一事无成，既然很清闲，就出去找事做，除了打仗，还有很多事情可以做，比如招募人才。

剑侠徐庶

感叹完白花花的肉，刘备回到新野继续招兵买马，训练士卒。当时全国战乱，各地流民纷纷涌向荆州。新野在荆州北部，流民大多会先经过新野。刘备利用这个有利条件，把一些流民发展成为自己的部队。当初刘备来到荆州的时候，手下已经被曹操打得没剩下几个兵了。经过这几年的发展，到赤壁之战的时候，光是关羽手下就有水军一万人。

可刘备这么努力，为啥事业进步这么缓慢？《三国演义》里罗贯中的解释是，刘备手下的关、张、赵虽然都是万人敌，却没有好谋士辅佐，自然难以成事。之所以这么写，是为了给诸葛亮闪亮登场做铺垫。实际上刘备早期事业进步缓慢主要有两个原因。

第一个原因是刘备运气太差。刘备本事是有的，否则曹操也不会把他视为最大的威胁之一，也不会和他煮酒论英雄了。可是曹操的运气显然比他好太多了。曹操有多少次眼瞅着没希望了都能起死回生，而刘备是眼看着徐州这个大饼掉在自己头上，才高兴没多久，吕布来了；跟着曹操混，被曹操打；跟着袁绍混，被曹操打；最后只能去新野。每一次事业刚起步，都会有人从中作梗。好不容易站起来了，实力又不行，被别人打得乱跑。大环境不给力，手下人才再多也帮不上忙，曹操一直有很多人才，不也总是遇上险境吗?

第二个原因是对待人才的态度。三国势力中，家家都爱才，也很愿意用才。但是其中最强的肯定是曹操，他手下人才最多，也最会用人。其次是孙权，江东也是人才济济。刘备排在最后。当初刘备在徐州混过，他并没有妥善处理好徐州本地帮和外来帮的关系，更谈不上从中挖掘人才了。当时在徐州名满天下的陈群不跟他，陈登也不跟他。多少年过去了，手下的武将还是关羽、张飞和赵云，文官就是简雍、孙乾和糜竺。用这样的团队去争霸天下确实非常寒酸。别说逐鹿中原了，到三分天下，也是蜀汉最先灭亡，不仅仅是因为国力最弱，更重要的是人才太少。

一个国家也好，一个团队也罢，自古以来人才储备都是最大的财富，想不被别人吃掉，光靠精神是不行的，得靠人。刘备混得这么惨，运气不好是一方面，自身能力比不上曹操也是一方面。大家的眼睛是雪亮的，谁有能力，谁没能力，应该投靠谁，不应该投靠谁，也都看得透。刘备的吸引力显然不如曹操，人才自然会分流到曹操那儿，当然这种情况在诸葛亮出山后有所改观了。

诸葛亮主政期间国家建立起来了，实力也比之前雄厚，但相比于两个对手来说，依然是落后的，而且诸葛亮用人的方针是用人唯贤，贤者才用，贤就包括了品德，这实际上为用人设了一个比较高的门槛。品德不好的人再有才也一律不用，这就不是法治，是人为了。德才兼备的人很难找。也正是这个原因，蜀汉人才库青黄不接，也就导致国运不昌。

曹操的用人方针是唯才是举，只要把工作干好了就行，最典型的例子就是郭嘉。郭嘉风评不好，是好色之徒。曹操直接忽略了私人问题，只看重他的才能。曹操在用人方面不拘一格，这点有点像当年的汉高祖刘邦。

关于用人的问题，刘备虽然不如曹操，但这只是强人之间的比较，刘备的眼光和胸怀自然比一般人要好得多。刘备也是个很执着的人，他不会轻易放弃自己的理想，非常渴望拥有创业团队。现在刘备这边武将还凑合，出谋划策的人奇缺，好在荆州历来盛产贤才名士，只要把姿态放下来，礼贤下士，还怕请不来人才？不久，刘备真的得了一个贤才，这就是三国时期大名鼎鼎的徐庶。

《三国演义》把徐庶和刘备的见面，以及和刘备初期的合作写得非常隆重。实际上这些正史中是没有记载的，估计这个情节属于小说家言，当不得真。

徐庶是颍川人，颍川是三国的人才库，多少风流人物出自其中，比如郭嘉、荀攸、荀彧、司马徽、陈群、陈泰、钟繇、钟会、韩馥、辛毗、辛评、郭图、淳于琼等等。陈群和陈泰是父子关系，钟繇和钟会也是父子关系，这真是虎父无犬子。还有个胡昭，字孔明，是和钟繇齐名的书法家，有名的隐士，还是司马懿的老师。胡昭相当有名气，袁绍、曹操，甚至曹丕都很想请他出山，但他看破了红尘，一直隐居。

徐庶本名叫徐福，少年时代的梦想不是读书，而是当一名行侠仗义的游侠。中平五年（188），他有个朋友被恶霸欺负，他觉得是为实现自己的游侠梦跨出坚实一步的时候了，必须施展特长，为朋友两肋插刀。于是他乔装打扮，披头散发地完成了杀人任务。任务完成后，他到处逃命，但还是被抓了。主审大声喝问他是受何人指使，同伙还有谁，偏偏徐庶一个字不吐。主审用刑，徐庶咬紧牙关，打死也不说。一个零口供的案子就这么诞生了。官府不甘心，把他拉出去游街。

好好先生司马徽

官府走的是群众路线，可亲民效果却很糟糕。徐庶被押着走遍了大街小巷，认识他的人很多，偏偏没人指认他。也正是这指认大会救了徐庶的命。徐庶的同伴开始四处活动，积极打点，总算把徐庶救了出来。徐庶出狱以后，和打打杀杀彻底说再见，不再舞枪弄棒了，转而认真学习，研究圣人经典。聪明人就是聪明人，半路出家的徐庶经过一段时间的攻读后，学问很快受到周边士人的认可。汉献帝初年，天下混乱，波及他的老家。书没法读了，他和学友石广元（石涛），举家迁往相对安定的荆州。在荆州期间，他结识了客居此地的崔州平、孟公威、诸葛亮和庞统等人，形成了一个好友圈。因为本身有学问，经常和名人打交道，徐庶也有些名气了，名字很快传到刘表那里。刘表想招他为官，但徐庶认为刘表虽然是正牌宗室成员，却没有远大志向，迟早会被人吞并，所以他一直没答应。他看好的是另外一个皇室成员——刘备。

徐庶是带着名士光环到新野投奔刘备的，看到大名士来毛遂自荐，一直为人才发愁的刘备喜不自禁，当即对徐庶委以重任，让他全面参与军营管理。从创业到现在，徐庶算是刘备手里最有能力的谋士了，糜竺、简雍、孙乾虽然读书不少，但都擅长政治理论类，实操一般。徐庶是政治军事双双合格的人才。徐庶来了，刘备的人才荒就解决了吗？还差得远。刘备还看中了一个人，也是赫赫有名的人物，就是水镜先生司马徽。当时荆州有两个名士名号特别响亮，一个是司马徽，另外一个是司马徽的至交好友庞德公。

这两位大贤和一般大贤不一样，普通大贤有了名头就会出山做官，而他们却是两位奇人，不做官偏要隐居。汉末有很多名士喜欢隐居，不过他们隐居的目的不是看破红尘，修身养性，而是待价而沽，隐居只是炒作自己的手段。但司马徽和庞德公是真正隐居，不管政府怎么请，他们都不愿意出山，他们的人生目的就是一心一意培养学生。后来民间流传说诸葛亮、庞统、徐庶都是司马徽的学生，不管真假，这些人关系密切是事实。

司马徽，字德操，人称水镜先生，颍川名士，精通经学。后世有人说，司马徽是司马懿的叔父，这种说法有争议，但他是司马迁的后代是可以肯定的。曹操南下抢荆州的时候，也想招募司马徽，只是他病重，不久就去世了。司马徽和庞德公名气太大，刘表对他们也是反复招募，但两位都避之不往。

有一次刘表的儿子刘琮亲自去拜见司马徽。刘琮平时受人奉承惯了，加上年纪又小，在他心目中拜访士人的普遍做法是派人通报，然后自己前呼后拥地走进堂前，与诚惶诚恐的名士寒暄几句，行个礼，点个头，送点礼品。过不了几天，荆州大街小巷都会传颂二公子刘琮礼贤下士的美德。

刘琮来到司马徽门前，随从也很牛气，来到院子里，瞅着一个穿着破衣烂衫的老头正在菜地里耕作，非常蛮横地问："司马先生可在家否？"哪知道老头一点不害怕，既不惊慌也不失措，非常淡定地说："我就是。"随从一听就怒了，种菜的仆人也敢自称是司马先生！司马徽无奈，换下破衣烂衫，打扮完毕后出来迎接刘琮。随从赶紧把事情跟主子说了。刘琮下车向司马徽道歉。司马徽脾气好，又是饱读诗书之人，自然不会和小孩一般见识，不但没有责怪，反而说："公子不必如此，我还为此感到羞愧，幸亏我在田间耕作这事儿外人没看见，只是您一个人看到罢了。"一番话把刘琮说得脸红。这个小故事记载在《董正别传》中。这本书还记载了另外一件小事儿。有个人丢了一头猪，跑到司马徽家硬说他家的猪是自己的，司马徽就把猪牵出来让那个人牵走，结果过了几天，那人丢的猪自己回来了。那人很羞愧，赶紧把司马家的猪送回来，磕头谢罪。司马徽没有生气，更没有责骂他，反而感谢他把猪送回来。这两个小故事都是表现司马徽的德行的。

当时天下大乱，社会斗争复杂，司马徽经常装糊涂，从来不说别人的短处，不管好坏，只要去问他，他的回答肯定是好。比如路上碰到熟人，熟人问他，司马先生近来身体可安好否，司马徽就回答好。久而久之，司马徽的口头禅就成了别号了，人称"好好先生"。

另一个奇人是庞德公，他年纪比司马徽大一点，名气也相对高一些。对于这样的名士，刘表自然多次征召，亲自前往拜访。刘表年轻的时候也是名士，不过档次比庞德公差远了。刘表准备采取语言攻势说服庞德公。"先生为何只保全了自己，而不保全天下百姓苍生？"庞德公笑："鸿鹄在高林枝上筑巢，作为栖息的地方，龟鳖在深渊之下做穴，作为晚上的归宿。人的行为举止也是人的巢穴，万物都是为了拥有自己的归宿。所以天下并不能算是我要保全的。”这番话看上去很迂腐，其实很有内涵。家是根本所在，连家都无法顾及的人何来奢谈拯救众生。刘表还是不死心，他看见庞德公的儿女正在耕织，又问他：“先生隐居在田垄之中，将来有什么可以留给后人的呢？”庞德公说：“世人追求功名利禄，只是给后代留下危险，我给后代留下的是安居乐业，只是遗留的东西不同罢了。”这番话说给刘表听，实际上更适合现代人听，太有先见之明了。这两个名士刘表都没有招募过去。那么，司马徽和庞德公是否愿意为刘备效劳?

终于等到你

虽说庞德公没有当官，但作为荆州名人，一言九鼎，在本地士人界很有权威。庞德公不看好刘表，不等于他心中没有欣赏的人，在他心目中有三个人非常有分量，分别是水镜、卧龙与凤雏，这三个雅号都是庞德公起的。史书上说“皆庞德公与也”。

东汉流行品评人物，当时社会很重视名士的清谈，而清谈有一个保留节目就是品人物，谁能够得到这些名士的认证，顷刻间就会身价倍增，不但被世人尊重，还能因此做官。名人给一个好的评语，相当于为你打广告，送你个金饭碗。

那时候的时事评论员可以左右社会舆论，非常受人尊敬。他们一句话就可以改变一个人的一生。刘备到荆州后，不过是水上浮萍，手下人才不过关羽、张飞和赵云。赵云是在官渡之战前后投奔刘备的，并且悄悄为他组织了一支队伍。刘备在汝南被曹军打败，败退到荆州，赵云就跟着过来了。靠这几个武将打天下达不到实际效果，必须有谋士辅佐。

司马徽看刘备来了，难得开了次金口，说了一句：“儒生俗士，岂识时务，识时务者在乎俊杰，此间只有卧龙凤雏。”意思是说，现在读书人哪懂什么国家大事。识时务的才是人才，这儿只有卧龙和凤雏二人算得上人才。这段话被记载于《三国志·蜀志·诸葛亮传》。

刘备一下没听懂，因为他在荆州混的时间不长。司马徽不紧不慢地介绍说，此乃诸葛亮、庞统是也。事实证明，庞德公与司马先生的推荐和包装非常成功。后来刘备请诸葛亮就是奔着“卧龙”这个名号去的。诸葛亮也明白，这个评语含金量相当高，所以每次到庞德公家都独拜于床下，把他当成自己的恩师。

一个名师给他起了个外号，另外一个名师又把他推荐给有需要的人，发力关照。不过当时刘备没有马上动心，毕竟第一次听到这个名字。刘备还需要一个接受的过程，或许在当时他更想直接把司马徽和庞德公请出来，只不过这两位请不动。

刘备正在苦恼的时候，徐庶来了，惊喜才算冲淡了他的郁闷。徐庶和诸葛亮是好朋友，他到刘备手下站稳脚跟后，向刘备推荐了诸葛亮。按说这下刘备应该有深刻印象了，可印象是有了，重不重视是另外一回事。刘备还是不以为然。徐庶说：“诸葛孔明，将军可愿一见？”刘备只是很客套地说：“好，下次就约他一块来。”徐庶一脸严肃地说：“将军，此非一般人，此等人才，只能你亲自去拜见，不可让他屈尊而来。”有两个名人推荐，徐庶对他的态度还这么谦恭，看来这真是人才。刘备这才算真正对诸葛亮产生了浓厚兴趣。

诸葛亮，字孔明，祖籍徐州琅琊阳都（今山东省沂水县），和汉献帝刘协一样生于光和四年（181），刘备要去找他的时候他二十六岁。

诸葛姓的由来，有一种说法是商朝有个葛伯，他的后代迁到山东诸城，后来搬到了阳都。因为当地有人姓葛，从诸城来的葛家人就被称为诸葛。另一种说法是秦末陈胜、吴广起义时，有一员大将叫葛婴，屡立战功，但是因为功高震主，被骗回总部杀了，他的后代散落民间。到汉武帝时，刘彻为他鸣不平，把葛婴的子孙后代封为诸县侯，于是他们家就被称为诸葛姓。不管是哪一种说法，诸葛亮都是名人之后。

诸葛亮的家族在琅琊是名门望族，先祖诸葛丰在西汉时做过司隶校尉，诸葛亮的父亲诸葛珪做过泰山郡丞。虽然诸葛家看上去兴旺，但并不代表诸葛亮的童年是温馨和幸福的。诸葛亮三岁时丧母，八岁时父亲也因病去世，双亲尽失，诸葛亮只能带弟弟诸葛均跟叔父诸葛玄一起生活。后来诸葛玄被袁术举荐为豫章太守，就带着诸葛亮兄弟俩搬到豫章。没想到诸葛玄在豫章屁股还没坐热，朝廷又派朱皓来取代他。诸葛玄不想让出位子，朱皓就向当时的扬州刺史刘繇借兵去讨伐诸葛玄。诸葛玄战败，放弃了豫章，投奔了荆州的刘表。

诸葛亮十六岁那年，诸葛玄也染病去世了。诸葛亮没了依靠，带着弟弟到离襄阳二十里的隆中乡间隐居。《三国志》记载，“亮躬耕陇亩，好为梁父吟。”

诸葛玄和刘表是好朋友，刘表收留了他们。可诸葛玄一死，就算刘表让诸葛亮他们继续住在襄阳，按照诸葛亮的性格，也是不想寄人篱下讨生活的。比起庞德公、司马徽舒闲的躬耕，诸葛亮的躬耕显得更加迫不得已。

诸葛亮来了

诸葛亮留给后人的印象是非常正面的：身高八尺，长得帅，胸怀天下。我们每个人都是有血有肉的，成长道路中多少都会走弯路，不管是自愿走的，还是受周围环境所迫的，正所谓阳光之下必有阴影。

刘备听说的诸葛亮的形象，未必跟我们印象里的诸葛亮形象一样。

诸葛亮少年时很坎坷，到处奔波，家庭不断发生变故。但是知识改变命运，诸葛家出身书香世家，人也聪明，知道生活困苦，但绝对不能放弃希望，所以每有闲暇必定坐下来读书，理想远大。史料说他“每晨夜从容，常抱膝长啸”。成年后，他经常把自己比作管仲、乐毅。

不过当时没几个人认同他的话，因为那时诸葛亮就是一个普通的年轻农夫。很多时候是不管你肚子里有多少东西，哪怕才高八斗，学富五车，只要没当官没名气就没人把你当回事。

诸葛亮曾经说过，“不求闻达于诸侯”，这应该是言不由衷的。读书人最大的梦想是学以致用，治国安邦。诸葛亮都自比管仲、乐毅了，不就是说在等待明主，要为安定天下而尽力吗?

诸葛亮需要广交朋友，荆州盛产名士，襄阳是荆州的政治中心，诸葛亮选择离此很近的隆中半工半读也合情合理。诸葛亮能够名垂青史，除了杰出的政治才干外，人际关系也不能忽略。当大家都不相信他的能力的时候，徐庶、孟公威、史广源等人相信他确实有才。他们曾经问诸葛亮：“咱们以后能做到多大的官？”诸葛亮说：“卿三人，仕进可至刺史郡守也。”这几位问：“你估计自己能做到什么职位？”诸葛亮笑而不言，但是从他的目光可以看出，他要做国家级的干部。那几位对诸葛亮的神色毫不质疑，依然“谓为信然”，可见对诸葛亮，他们很服气。

诸葛亮虽然有才，但也无法免俗。他读书的目的不是把知识烂在肚子里无人问津，而是要让人知道，让自己有施展的舞台。所以他必须遵守潜规则让自己有名气，这样才谈得上理想、抱负。诸葛亮和荆州很多名人都有联系，重量级的除了司马徽，还有庞德公。

诸葛亮是外来户，也没什么值得众人传颂的德孝事迹，每次拜见庞德公，他都是行跪拜礼。庞德公也不把诸葛亮当外人，并不阻拦。庞德公与诸葛亮多次交谈后，逐步对他的才能有了清晰的认识，给他取了个卧龙的称号，还对诸葛亮大加赞扬。名人一句话，可以让他少走弯路，因为庞德公的包装，诸葛亮在荆州混出了名声。

一直以来，人们都认为刘备接纳诸葛亮是爱才，但事实并非这么简单。刘备不但爱其才，更爱其背景。虽然诸葛亮当了丞相后，自称“臣本布衣，躬耕于南阳”，其实他是当地的意见领袖，有不同寻常的背景，除了有名师包装外，还有姻亲。

据说诸葛亮的老婆很丑，帅哥配丑女是很多人不能理解的。于是人们议论纷纷，说不要学诸葛亮选老婆，“莫作孔明择妇，止得阿承丑女”。当然这对诸葛亮的形象有正面的推动作用，为他赢得了不以貌取人的美誉。他的妻子，民间说叫黄月英，是他的贤内助，相夫教子。但历史真的如此吗？

黄承彦物色女婿的时候，拥有吕公一样的超凡眼力。黄承彦和庞德公是好朋友，有一次庞德公向黄承彦介绍诸葛亮的才能，正巧诸葛亮在场，黄承彦经过考察，发现他确实是可塑之才。黄承彦就对诸葛亮说：“听说你正要娶媳妇，我家中尚有一个丑丫头，论才华与你倒是相当。不知你意下如何？”这更像是黄先生自谦，诸葛亮的妻子很可能并不丑，只是长相一般。甚至还有人说，不但不丑而且眉清目秀，周围妇女嫉妒人家有貌又有才，故意诋毁她。

抛开相貌问题，诸葛亮的婚姻是不是还有功利性质？如果说一点没有也不对。诸葛亮和黄氏结亲带来了一系列好处。黄承彦和刘表是连襟，刘表匹马入荆州能迅速站稳脚跟靠的就是蒯越和蔡瑁。他们是当地大族，拥有超强实力，家族里很多人官居要职，是实打实的当权派。诸葛亮娶了黄氏，刘表就成了他的姨父，蔡瑁就成了他的舅舅。一个农耕的穷小子一下子就和军政大佬们扯上了关系。这种好事怎么能错过？所以诸葛亮立马答应了。黄承彦于是立刻派人用车子把女儿送到了诸葛亮家里。史料记载，“即载送之”，这事在当时被乡下人传为笑谈。

所以，说诸葛亮在出山前没有背景，干净得如同一面镜子，是不符合事实的。但是有一点让人不能不佩服，即便是在这么好的条件下，他也不愿意跟着刘表混。他早就看透了刘表，跟着他顶多当参谋，刘表碌碌无为，手下人能折腾出多大动静？这种主公就算是伊尹、姜子牙、萧何、韩信合力辅佐，也改变不了灭亡的命运。诸葛亮等的是一条更合适的大腿，这时，刘备来了。

三顾茅庐

虽然有了名士界的大力推荐，军政界又有过硬的关系，刘备还是不以为然。毕竟诸葛亮的才能怎么样大家都不知道，就算是千里马，在一般人眼里和拉货的马也没区别。正是因为这种心理不对等，三顾茅庐的故事发生了。

刘备去挖诸葛亮带着的是挖金矿的心态，甚至诸葛亮背后的关系比金矿还值钱。刘备看中的是诸葛亮背后的实力派人士，这能够让他在荆州站稳脚跟，以实现远大的理想和抱负。

司马徽向刘备推荐了两个人，一个是卧龙，一个是凤雏，他们的能力差不多，而且司马徽还称赞凤雏为“南州士之首”，但刘备选择的却是卧龙诸葛亮，对凤雏庞统不怎么看得上眼，甚至一开始都没重用，最主要的原因是凤雏有能力却没能量。

诸葛亮的加盟对刘备而言如虎添翼，甚至可以说是人生最大的转折。有了这层与荆州豪族盘根错节的关系，刘备一跃成为不可忽视的力量，事业真正有了起色。虽说此后刘备依然吃过不少败仗，但他最后能三分天下，黄袍加身，也是从这一刻开始才变为可能的。命运之神终于向刘备抛出了橄榄枝，他必须牢牢抓住并且努力奋斗才不辜负。刘备是个有梦想的人，非常渴望实现梦想。对他来说，宁可失去一万个庸人，也不愿意失去一个贤人。既然司马徽和徐庶都大力推荐，他就必须去看看。

他前后去了三次才见到诸葛亮，“凡三往，乃见”。见到诸葛亮，三顾茅庐的故事就结束了，正史的记载就一句话。过程很简单，但是背后蕴含的东西很多，比如诸葛亮为什么让刘备等三次。有人说诸葛亮是隐士要摆谱，也有人说诸葛亮是为了试一试刘备的真心。两种说法都不太对。首先诸葛亮不算是隐士，他自比管仲、乐毅，说明不甘于人下。三国乱世，群雄并起，与其说是主公选择贤才，不如说是贤才选择主公。贤才也分三六九等，主公也有高低不同。袁绍手下也谋士如云，不比曹操少，但是他不听忠言。跟这样的主公有什么意思？诸葛亮这种有大抱负的人物是不会投靠袁绍、刘表式的庸才主公的。隐士是假，等待是真。但也有人问："其实也不用等，当时不是有曹操、孙权这两位一等一的豪杰吗，他们家底丰厚，跟着他们怎么说也比跟着刘备强吧？"这种想法是想当然。曹操爱才也能用才，但曹操手下的重要文臣谋士几乎都是颍川淮南人。诸葛亮去了也就是个外乡人，一个外地人想混入本地圈子很难。曹操前期有五大谋士：荀彧、荀攸、郭嘉、程昱、贾诩，哪个比诸葛亮的才能低？郭嘉自然不用说了；再说荀彧，那是曹操麾下的萧何；论出谋划策，把握战机，荀攸也不差；至于领兵作战更是诸葛亮的劣势。《三国演义》里把诸葛亮写得神乎其神，其实在正史上诸葛先生是治国治军一流，用兵二流。诸葛亮真要到曹操那里，在领军至上的曹营想夺得一席之地很难。如果诸葛亮投奔了曹操，曹操会第一时间重用他，但得排在荀攸、荀彧、郭嘉之后。心高气傲的诸葛亮怎么会去投奔？

再说孙权。当时诸葛亮的哥哥诸葛瑾是孙权的谋士，如果诸葛亮投奔孙权，哥哥一句举荐就可以了。但问题是，孙权和曹操一样，手下有像样的班子。虽说还在继续扩招，但是再进去的人就在张昭、周瑜之下了。那两人才能非凡，而且与孙家感情很深，曾经和孙策升堂拜母。诸葛亮过去，估计鲁肃都能把他盖下去。诸葛亮想当国君的第一重臣，在曹操、孙权那里都需要和老资格竞争。

刘备的谋士少得可怜，因为来之不易，所以会倍加珍惜。诸葛亮这种一流高手投奔了穷人刘备，刘备必然把他当宝贝。做刘备手下第一重臣很容易，所以投奔刘备最适合。

第一，刘备已经四十多岁，事业却刚刚起步，随便跟他去打下个地盘都是大功一件，未来发展潜力很大。第二，刘备阵营中武将强谋士弱，内部竞争并不激烈，会受到格外器重。第三，刘备人品口碑都不错，爱才，为人宽厚，乐意为属下营造宽松的工作环境。最重要的一点是，诸葛亮是有政治理想的人，他的政治抱负是兴复汉室，能够让他施展抱负的，不是守土自保的刘表，也不是“挟天子以令诸侯”的曹操，更不是平定江东的孙权，而是皇族出身的刘备。

基于以上原因，诸葛亮自然把目光投向了刘备，这种想法也自然而然影响到了周边人士，本事过硬人际关系也过硬的诸葛亮得到了司马徽和徐庶的联手推荐，就这样进入了刘备的视野。

三顾茅庐的故事在三国时代有人质疑过。魏国人鱼豢写了一本非官方史书《魏略》，其中指出，诸葛亮出山不是三顾茅庐，而是主动跑到刘备那里去的。

《魏略》里说，当时曹操已经平定北方，对荆州虎视眈眈，诸葛亮心急如焚，经过长期考核将刘表和刘备进行了全面深入的对比。刘表对北方局势反应迟钝，对曹操的进攻没有应对，教他方法他也不会听，只能去找刘备。

这时刘备正在樊城，客人很多，再加上和诸葛亮并不认识，所以并不怎么在意。见刘备是这个态度，诸葛亮知道再不好好表现一下，估计就混不出名堂了，于是他没走。

正巧这时有客人送给刘备一大把牛毛，看到牛毛，刘备手又痒了，坐下来开始编工艺品。诸葛亮一看，机会来了，有话题了。于是走上前去对刘备说：“将军胸怀大志，又怎能醉心于搞这种小玩意儿！”（“明将军当复有远志，但结毦而已邪！”）这话很刺耳，但很有道理。刘备一听就知道眼前的不是一般人，于是笑了，说：“我只是无聊的时候玩玩而已，借此忘记烦恼罢了。”诸葛亮接着问：“将军，您觉得刘表能比得过曹操吗？”刘备说：“当然没得比。”诸葛亮又问：“将军觉得自己比得过曹操吗？”刘备说：“也比不上。”看这段对话，就可以知道诸葛亮确实很牛，一下抓到刘备的心理弱点了，主动权到他手里了。诸葛亮又问：“现在主公手下只有几千部队，能和曹操对抗吗？”刘备一拍大腿：“我也感到烦恼，该怎么办？”（“我亦愁之，当若之何？”）诸葛亮笑了，不紧不慢地说：“将军队伍中人数不够，并不是因为荆州群众少，缺乏兵源。将军可向刘表建议，让外来户在您这里登记户口，不要再收取其他费用了，这样他们就可以安心生活，主公就可以放心征兵了。”

刘备立刻按照这个计划去办，果然征了不少人马，力量很快发展壮大了。由此他也看出了诸葛亮的才干，开始把诸葛亮当成尊贵的客人。

除了《魏略》，还有司马彪在《九州春秋》中也表达过同样的观点，两本书的说法大同小异。那么，到底是三顾茅庐，还是主动现身呢？

隆中对

有些专家也随声附和，觉得诸葛亮满腹经纶，在草庐中就能对国家大事了如指掌，说明非常迫切想寻找明主，实现政治抱负。所以他主动出击、毛遂自荐完全有可能。待在家里守株待兔，万一刘备不来，岂不是竹篮打水一场空？这种想法看上去有道理，实际上有问题。

诸葛亮的人际关系过硬，交际圈也很广泛，名气也大，他完全可以通过老师、学友的言论对刘备施加影响，比如徐庶、司马徽就主动向刘备推荐了他，如果刘备真不乐意登门，再毛遂自荐也不迟。

还有一种说法，如果是刘备请诸葛亮出山的，诸葛亮应该求之不得，怎么可能扭扭捏捏再三推辞？甚至有人怀疑《隆中对》也是假的，他们认为刘备请诸葛亮时又没带秘书，后人怎能知道他们谈话的内容？他们认为，三顾茅庐是假的，是诸葛亮的自我炒作包装。

但是，《三国志·诸葛亮传》中明确记载："由是先主遂诣亮，凡三往，乃见。"《三国志》比鱼豢的《魏略》成书要晚，陈寿并没有采纳鱼豢的说法，后来裴松之为《三国志》作注，倒是引用了《魏略》的内容，但随即进行了辨析，明确了三顾茅庐的说法。事实上后来诸葛亮写给刘禅的《出师表》中，已经说得很明白了："先帝不以臣卑鄙，猥自枉屈，三顾臣于草庐之中，咨臣以当世之事，由是感激，遂许先帝以驱驰。"如果没有这回事儿，诸葛亮怎么敢这么写？他胆子再大也不敢欺君。除非人品有问题，而诸葛亮的人品是经过历史考验的，从刘备到刘禅，从本国同僚到敌国对手，包括司马懿、司马炎、孙权，从古至今，人们对他的品德都敬仰有加，赞不绝口。所以他不会说假话，更别说在皇帝面前说假话了。《出师表》是真的，那么三顾茅庐的故事也是真的。

诸葛亮有两篇《出师表》，怀疑《后出师表》真伪的大有人在，但到目前为止，还没人说《前出师表》是伪造的。另外，当时刘备驻扎在新野，诸葛亮在隆中，两地相距几百里。诸葛亮虽说躬耕陇亩，但参加的社会活动也很多，所以刘备兴冲冲赶去见诸葛亮，碰到他正好外出完全是可能的。经历三次才见再正常不过了。总之，三顾茅庐确凿无疑。

三顾茅庐的故事是真的，诸葛亮作为时代宠儿进行了一场完美的职场营销也不虚。诸葛亮不是神而是人，不是不食人间烟火的，所以即便有这场自我推销，也丝毫不影响他的伟大。诸葛亮一样有喜怒哀乐和七情六欲，也会有小缺点、小过失、小算计、小精明，但他最后创造的功业是常人无法企及的。换个角度来讲，能够克服欲望做到别人难以做到的成就的就是伟人。

几经波折，刘备终于在隆中见到了卧龙先生。他叫左右退下，虚心向诸葛亮问计。这就是诸葛亮接受考察的时候了。当时主公考察臣子，不用填调查问卷，也不问学历，只需要一张嘴。刘备事实上是给诸葛亮出了一道试题，主题是讨论天下形势。

既然自己心目中的主公来了，态度又这么诚恳，诸葛亮也就不客套了。他不假思索滔滔不绝地把酝酿已久的谋略和盘托出。这一组君臣间的对话就是历史上赫赫有名的《隆中对》。

史料记载："自董卓以来，豪杰并起，跨州连郡者不可胜数。曹操比于袁绍，则名微而众寡，然操遂能克绍，以弱为强者，非惟天时，抑亦人谋也。今操已拥百万之众，挟天子而令诸侯，此诚不可与争锋。孙权据有江东，已历三世，国险而民附，贤能为之用，此可以为援而不可图也。荆州北据汉、沔，利尽南海，东连吴会，西通巴、蜀，此用武之国，而其主不能守，此殆天所以资将军，将军岂有意乎？益州险塞，沃野千里，天府之土，高祖因之以成帝业。刘璋暗弱，张鲁在北，民殷国富而不知存恤，智能之士思得明君。将军既帝室之胄，信义著于四海，总揽英雄，思贤如渴，若跨有荆、益，保其岩阻，西和诸戎，南抚夷越，外结好孙权，内修政理；天下有变，则命一上将将荆州之军以向宛、洛，将军身率益州之众出于秦川，百姓孰敢不箪食壶浆以迎将军者乎？诚如是，则霸业可成，汉室可兴矣。"

这篇《隆中对》充满了智慧，这就是诸葛亮在煮酒论英雄。天下群雄纷争，看上去形势非常复杂，实际上最厉害的对手无非是两个：曹操挟持皇帝称王称霸，我们暂时不要去惹，也打不过；孙权占据江东，经过三代领导人苦心经营，现在民心归附，根基牢靠，也不能去硬碰，只能当朋友，和平相处，互利互惠。除了这两位，其他几个好办。荆州的刘表不是个干大事的人，荆州北方有汉水作为阻挡曹操的地理屏障，东面又连接孙权，西面连接巴蜀，正是用武之地，可是刘表啥也干不了，地盘迟早得拱手送人。至于益州的刘璋是有名的软柿子，汉中的张鲁根本就是软蛋。这三位都不是什么英雄好汉，都不是刘将军的对手，我们想要发展，面对到嘴的肥肉就千万别客气，力争把他们的地盘搞到手。这样，天下群雄不是只剩下曹操、孙权和刘将军您了吗？

这就是鼎足而立的形势。到那时，将军拥有了益州、荆州的广大地盘，对内搞好民生治理，实行正确的少数民族政策，安抚好他们；对外主动结交孙权，搞好双边关系，就可以坐等天下时机变化了。如果天下局势动荡了，我方利好，可两路出兵，派大将从荆州向北方进攻宛、洛一带，您自己率领益州势力出兵攻打关中，双管齐下，那么天下就可以平定了。成就帝王大业，就是这么简单。

诸葛亮答题完毕，接下来就看刘备的打分了。刘备本来读书不多，之前脑子里一团糨糊，现在被诸葛亮这么一说，茅塞顿开，佩服得五体投地。史书记载，刘备就说了一个字，“善”。

于是，有志青年诸葛亮被刘备拉出了山林。诸葛亮一代重臣的梦想开始实现。诸葛亮的确是非凡之才，出山后为刘备集团做了很多工作，让刘备找到了春天般的感觉。《三国演义》里说诸葛亮吟的那首诗，虽说是编的，但用来形容刘备倒是再贴切不过了。“大梦谁先觉，平生我自知。

草堂春睡足，窗外日迟迟。”有了诸葛亮，刘备成天笑呵呵的，无时无刻不和诸葛亮在一起，向他讨教问题。

这样一来，之前和刘备情同手足的关羽、张飞不乐意了。刘备解释说：“我得孔明，如鱼得水，二位贤弟不要再多说什么了。”（《三国志·诸葛亮传》：“孤之有孔明，犹鱼之有水也。”）大哥开口了，再加上诸葛亮来了以后做出的成绩大家看在眼里，记在心上，关、张二人的情绪才逐渐平息了下来。